台灣女性半世紀

地母與瘋婦

徐學　著

地母與瘋婦：台灣女性半世紀

下篇　感性世界

我不知道風

朝那一個方向吹

我只知道

拼了命地向前飛

前言　龍應台和她的「上海男人」

龍捲風勁吹上海男人——男人身邊的女人——
蒙特馬利元帥不能忍受穆桂英掛帥——
關於男人撰寫女性書籍的辯詞

1997年，一場小小的「龍捲風」掠過上海，那是海外女作家龍應台引來的一場筆墨風波，一場有關男人和女人的風波。

龍女士寫了一篇「呵，上海男人！」，題目上大大的感嘆號觸目驚心。龍女士在文章裏說，她在美國和歐洲生活了二十年，從俄羅斯到南非，從以色列到菲律賓，幾乎全球都走遍，自以為在世界上能讓她驚訝的事大概已經沒有了，直到她認識了上海男人。

上海男人讓她驚嘆，因為，上海男人可愛得出奇，他們買飯拖地卻不覺得自己低下，他可以洗女人的衣服（甚至是內褲）而不覺得卑賤，他們輕聲細語和女人說話而不覺得自己少了男子氣概，他可以讓女人逞強而不覺得自己懦弱，他可以欣賞妻子成功而不覺得自己就是失敗，他不需要像黑猩猩一樣砰砰砰捶打自己的胸膛，展露自己的胸毛來證明自己男性的價值。

龍應台感慨道：「我們20世紀追求解放的新女性夢寐以求的，不就是這種從英雄的神話中解放出來，既溫柔又坦蕩的男人嗎？」

「原來他們在上海！」

　　龍應台身邊有一位25歲的上海女青年，聽得龍女士這番高論顯出一臉不屑——「我才不要上海男人呢，長得像根彎豆芽，下了班提一條帶魚回家煮飯，這就是上海男人。我要找北方人，那才有大男人氣概。」（大陸女子的這種想法，我在大陸一位女作家的文章裏也見到過。她這樣寫道：「有一天，我在公共汽車上，聽見兩個女孩的對話，特別長見識。女甲一臉自豪地對女乙說，我告你，我家那位急了真敢揌我。女乙就滿心羨慕地說，是嗎？」）

　　龍應台說，我很想對這個女孩說，為這大男人氣概，你要付出昂貴的代價，那就是你自己的個性發展。你不知道天下最寶貴的男人就在你的身邊。

　　龍應台的文章在上海《文匯報》刊出後，「上海男人」紛紛打電話到報社「抗議」，認為作者「侮蔑」上海男人，他們大聲地抗辯，上海男人其實仍是真正的「大丈夫」！

　　素以溫柔與懼內聞名的上海男人，竟然對一位女作家，群起而攻之，這是龍應台所想不到的，有趣的是這一陣龍捲風最後還刮到了海外。《啊，上海男人！》的英文版在英國廣播公司（BBC）連續播了六次，引起了海外聽眾的強烈反響，一時間，上海男人，乃至中國男人成了熱點論題。

　　其實，龍應台這篇文章涉及的並不僅僅是男人，同時也矚目著站立於男子身邊的女人。

　　在這篇文章中，龍應台談到了自己對兩岸女人的觀感，「大陸女人，說得誇張些，個個抬頭挺胸、驍勇善辯，沒有人認為應該犧牲自己去成全丈夫的事業，資本主義社會裏的諺語，『每個成功的男人背後有個溫柔的女人』不能用在大陸女人身上，她們昂首闊步地走在前頭，不在男人陰影中。相形之下，臺灣婦人處處濟露出傳

統美德的痕跡，溫良恭儉讓，樣樣具備。儀態舉止上仍講究『巧笑倩兮，美目盼兮』的羞怯。自己的事業一不小心順利時，還覺得對男人不起，太『僭越』了。」

可見龍女士講的是上海男人，實際上讓她真心驚訝的是兩岸女性之不同形態。

龍應台文章裏屢屢提及上海的女人，她擔心上海女人在追求婦女解放的同時，「權力」高漲，因而苟求甚至「虐待」自己的丈夫。她問道：「為什麼當女權得到伸張的時候，男人就取代女人成為受虐者，難道兩性之間無可避免地必須是一種權力鬥爭。」

她也擔心大陸婦女解放的前景，她寫道：「女人，穿上男人的衣褲，跨著男人的大步，做著男人的『同志』與他並肩開闢天下，當她們發現男人竟然開始嫌她們不夠女人味的時候，又何去何從？」

類似的說法早在龍應台之前，論者也是外籍華人學者，他叫趙浩生，他說：「回來看到一些女孩，不是張牙舞爪，就是詭計多端，從神態到舉止不像女人⋯⋯青年女性好像認為越潑辣越好，有的粗野蠻橫，真是誤解了女性的力量。還有的一過中年，好像『老娘就這樣了』！什麼都不講究⋯⋯很多女人可能很有性感，那是肉體，不是女人味。」（見1988年10月30日北京《中國青年報》）

看到海外華人的困惑時，我不禁想起了發生於四十年前流傳至今的一則趣聞，也與男女的角色有關，不過，在那裏發言的是一位英國陸軍元帥。

那是在1961年9月，英國元帥蒙哥馬利來到中國河南參觀訪問。一天，他在洛陽街頭散步，見到一個小劇場，正在上演豫劇《穆桂英掛帥》，蒙元帥便走進去看。戲演了一半，劇場休息時，他卻不想再看了，對旁邊的人說：「這出戲不好，怎麼讓女人當元帥？」

陪同的中國官員說：「這是中國民間傳奇，群眾很愛看。」

蒙哥馬利說：「愛看女人當元帥的男人不是真正的男人，愛看女人當元帥的女人不是真正的女人。」

中國官員說：「中國紅軍就有女戰士，現在解放軍有位女少將。」

蒙哥馬利說：「我對紅軍、解放軍一向很敬佩，但不知道還有女少將。我想，這有損中國人民解放軍的聲譽。」

中國官員說：「英國女王也是女的，按照你們的體制，女王是國家元首和全國武裝部隊總司令。」

這場辯論的結果不得而知，但在我看來，這位中國官員的話有些強詞奪理，英國女王畢竟只是英軍的最高象徵而不需要像穆桂英一樣披掛上陣，與男人在戰場上浴血廝殺。

楊門女將緣於歷史事實，同樣的還有花木蘭替父從軍，梁紅玉播鼓助夫等等婦人上陣的故事，這是正史白道；野史黑道上也有母大蟲孫二娘、顧大嫂，無論捉對廝殺或者江湖行走，均不讓鬚眉。但也令人悲愴，悲愴的不是什麼陰盛陽衰，而是中國女性幾千年來不得不承擔的重負，從耕作重活持家育子到替父兄出征，甚至開黑店求生。看來，颯爽英姿五尺槍，不愛紅裝愛武裝，鐵姑娘，女紅衛兵並不完全是毛澤東的創意。武裝到牙齒的女人，可能是讓西方紳士文化裏成長起來的元帥詫異乃至反感的原因吧。

當然，蒙哥馬利反感與龍應台的擔心並不完全相同。龍應台更多地著眼於女性的未來，她從女性的角度提出了「女人何去何從」的問題。

對於龍應台的問題我無法解答，也不想強作解人，我感興趣的是這場龍捲風中包含的兩岸文化差異。很顯然，臺灣長成海外生活

的龍應台女士與大陸女子在社會環境，時代氛圍和生長土壤等方面都存在差異。正是這種差異導致了海峽兩岸中國女性角色扮演和觀念形態上的差異。

探究這種差異，是一件饒有興味的課題。

這個課題在心中擱置了數年，直到丹婭女士邀我加盟《閱讀女子叢書》的寫作，才有機會將它付諸筆端。

下筆之際，有三個問題是應該向讀者交代的。

其一，筆者具有對臺灣女人評頭論足的資格嗎？

我不曾在臺灣有過長期的生活經驗，所接觸的臺灣女人也有限；但也有自己得天獨厚之處，我曾長期地閱讀臺灣的報刊書籍，收聽臺灣的廣播。同時，也因為並不身處臺灣，而與那裏的人事保持著一種適當的距離，不至於見樹不見林，也不至於因長期的習以為常而失去了敏銳的感覺。我相信，我的大陸經驗與彼岸觀察必然產生碰撞，這種碰撞發出的火花具有自己的特色，它不但能夠給大陸讀者提供臺灣社會女性生活的種種圖景，也能從一個新的角度映照出海峽那邊女性社會生活，這點我有自信。

其二，作者是位男性，是這套叢書中唯一的男性作者，以男人的眼光看女性，會有隔膜甚至是偏見嗎？回答是肯定的，但是，以男人的眼光看女性，也同時會有女性作者不具備的長處。和上面那個局限一樣，只要用心，距離帶來的誤差會被努力縮小，而「不在此山中」，卻成了「識得廬山真面目」的最佳位置。君不見，中外文學作者中對女性瞭解透徹描寫細緻的，許多都是男性，比如曹雪芹、托爾斯泰、川端康成和村上春樹，更接近的還有我們的閩南老鄉，許地山，他筆下的春桃，可以媲美當今最大膽的女性藝術形象。這裏，並不敢攀附，只是為自己壯膽。

　　其三，作者要如何在極其有限的篇幅中展示臺灣女人的處境與風貌呢？我想，這本小書並不準備也不可能全面論述臺灣女性的方方面面，而只是試圖讓讀者，特別是大陸讀者，更深刻地感受臺灣女性生活的歷史與現狀，因此，它不以論說而是以描述為主；它沒有面面俱到的野心，但也並不是支離破碎之作；它涉及到臺灣女性的時空環境，幾代臺灣女性成長方式及其文化資源，女性社會角色和家庭角色的扮演，並在其中穿插若干臺灣女性的故事，相信能給讀者提供相當的愉悅，發現和瞭解的愉悅，還有悲欣交集的愉悅。

上篇

心路歷程半世紀

一、海色無窮盡

童年背景幻想的起點──海洋的包容和激盪──
憂患的吶喊──大浪淘沙的沖刷──煙波藍

泅泳　　泅泳　　泅泳
自東部壯麗的山和海
到北部的大街小巷
你完全傾盡赤裸的面貌

一幢幢灰灰的家屋街巷
大河小溝紅磚路
人們各種臉各種腿各種身影
從這輛公車晃至那輛公車
咖啡屋電影院學校市場
朋友們的笑臉愁容語聲
酗煙飲酒唱片做愛
……
你只是一個小小的島
（宇宙那麼大）
瘦瘦小小的島
（井底之蛙）

亞熱帶上的

（缺少雪）

大陸邊緣的

（斷翅）

負荷著孤兒悲涼

（殖民地）

雨夜花幽愁的

（割讓地）

給我血給我肉的

小小親愛的島

——李元貞《辭鄉》

　　海，波濤滾滾，沖刷著島嶼，拍擊著海岸。

　　在我們這個星球上，最大的海洋——太平洋與最大的陸地——亞洲大陸之間，在那雄渾大陸邊緣起落的無涯碧波中，散落著臺灣及澎湖等許多大小島嶼。如果從高空俯視，它們就像臺灣詩人陳黎所寫的那樣，是一些不完整的黃紐扣，鬆落在藍色的制服上。

　　島嶼上世世代代的中國人和他們的女兒是孕育於海中的一群。從呱呱墜地那一刻起，她們就見得到噴薄而出的太陽，在海面上跳躍的光芒，波光閃閃；她們聽得到持續湧動的浪聲，從大洋深處由遠而近，持續不斷；廣闊的海水，一直延伸成為海平線，向未知世界伸展過去⋯⋯

　　多情的姿勢，永恆的慰藉，海是她們童年的背景，幻想的起點，即使處在離海岸線稍遠的鄉間裏巷，也不乏對海的憧憬與想像，請看一位女作家簡媜的童年記憶：

海浪的聲音，是一種低沉的吼音，而稻浪，像輕快飛揚的
口哨。

海浪，總在連續盤動之後，掀起劈天大浪，像是一腳踹破百
年堅封的巨壇，把滾滾的雪白泡液直逼向乾燥的沙灘。

稻浪像山巒的起伏，有一種溫和的曲線美。

海浪，像滿臉虯髯的彪形大漢，浪跡天涯，帶一支沙啞的
歌。……

覺得自己也變成了一朵浪，乘著風的翅膀，縱橫把臂……

（《月亮照眠床》）

海色無窮，變化萬狀，海是善於吸納與涵容的。近代以來的臺
灣也是如此。

地理上看，臺灣作為世界上最大的海洋（太平洋）與世界上
最大的大陸（亞洲大陸）之間的一個大島，有著悠久的通航通商史
和文化交往史；歷史上看，回溯近三百年，它至少混雜了原住民文
化，荷蘭和西班牙僑民帶來的歐洲文化，清代大陸移民主要是閩粵
移民帶來的閩粵文化，日據時期的日本文化，1949年以後大陸特別
是中原各省的移民文化和60年代以後的以美國商業文化為主體的西
方文化……一部臺灣史正是不同時代多種文化互相衝撞互相激盪互
相融化的歷史；現代臺灣社會，是東方與西方，傳統與現代，草根
與都市互相纏繞，迴旋激盪的矛盾綜合體。它像大海一樣有著容納
百川的胸懷，有著激盪開放的活力，並不因為是一個只有兩千多萬
人口的島嶼，就流於文化上的貧瘠和偏枯。

女人的敏感更能感受這種多元的文化，這是一個女作家對臺北
盆地的描繪：

小小的臉盆，莫名其妙掉入一個附帶歷史使命的包袱，湧入各地來的移民或流浪客（三、四十年代的山東人、四川人、湖南人⋯⋯等政治性移民，五、六十年代的台南人、廣東人、宜蘭人、花蓮人、雅美族人、布農族人⋯⋯等經濟性島內移民；七十年代的菲律賓人、馬來西亞人、大陸客⋯⋯等兼具政治因素的跨國流浪客）。這些人帶著特殊的文化根性來到臺北城，原先不打算落籍，卻又不小心繁衍出第二代、第三代。這些人及子裔很容易借由通婚、經濟活動無形中攪和一起，不斷翻出臺北的新面目，其速度之快，連定居臺北的人，若三個月不出門，一樣迷路。

所以在臺北，一個女子就應該適應這個「魔術小臉盆」戲劇性的生活，她可能中午在娘家老屋參加民俗節日的祭拜，下午就到五星級的飯店陪國際友人飲歐式咖啡，傍晚在老招牌的大排檔上吃閩南小吃，順便購買大陸來的土產如天津栗子，桂林西瓜霜，選幾個加州蜜李或熱帶榴槤，最後還要挑一個純山東手藝的大饅頭，夾港式臘肉當宵夜。回家後獨酌俄羅斯伏特加。看 NHK 小耳朵。

她說的是臺北，但又何嘗不可以視為整個臺灣島的縮影呢。

誠然，臺灣有如海洋，海色無窮，變化莫測，但也並不都是好脾氣，總給人好臉色的，也許當你正沉醉於平靜的蔚藍中，突然之間，颶風驟起，拔木摧屋，給島上帶來一次又一次的災難。

近代以來的臺灣歷史是一部充滿著憂患與悲情的歷史，從甲午戰爭之後，有對日本殖民者不斷的武裝起義，對「皇民化運動」的文化抗爭，也有對國民黨專制政權的群起攻之。最能代表臺灣悲情

的文學作品是吳濁流所著的長篇小說《亞細亞孤兒》，文中通過主人翁胡太明半個世紀的漂泊和無奈，通過他在各種勢力夾縫中的受辱和掙扎展示了臺灣大眾的蒼涼與悲哀。在由這部小說改編在另一部描寫臺灣老兵的電影中的電影中，著名音樂家羅大佑寫了悲涼的主題曲，歌中淒婉地吟唱：

亞細亞的孤兒在風中哭泣，
黃色的面孔有紅色的污泥，
黑色的眼珠有白色的恐懼，
西風在東方唱著悲傷的歌曲。

沒有人要和你玩平等的遊戲，
每個人都想要你心愛的玩具。
心愛的孩子，你為何哭泣？

多少人在追尋那解不開的問題，
多少人在深夜裏無奈的嘆息，
心愛的母親，這是什麼道理？

海，還是一種吶喊，一種沖刷和一種燃燒，它是勇敢的前行；海浪，總是清新不滯的，海潮，總是年輕而勇敢的，一波接一波地撼動著那海岸線，終於，在密佈的礁石，在嚴整的防洪堤上，咬出了一個個新的口子。

海邊長大的臺灣女人，也有著不斷更新的勇氣和品行。從50年代的「哀怨」60年代的「純情夢幻」，70年代的「天涯浪跡」到

80年代爭取「自己的天空」以及90年代以後「世紀末」的奇特景觀，半個世紀中，臺灣女性走過了長長的道路。

　　臺灣女性風貌的變遷和更新，最形象也最濃縮的標誌在女作家的文學作品構成的女性文學中。女性文學是指女性作家以女性角色、女性體驗為主，以女性為創作重心的文學作品，這些作品著重反映女性在男權社會中的苦悶、彷徨、抗爭；反映女性意識的覺醒，表達女性特有的同情、愛、堅忍與包容的品性。女作家因生理機能與心理結構的特殊，有著更為細緻、委婉的感情體驗和獨特的書寫方式。在這些作品裏，我們可以觀察和體悟到女性心靈的顫動和搏擊，女性意識的拓展與蛻變，女性思想潮流的迴旋起伏，……因此，在本書有限的篇幅裏，我們將以女性文本為主要的標本，兼及半個世紀以來臺灣社會環境的變遷和主要的婦運事件來描述臺灣女性的心靈節奏。

　　海，還有著迷濛的煙，蕩漾的波，組合成煙波藍這個海天一色的意象，它對應著壯闊的自由和無盡的漂泊，喚醒飛翔和升騰的快意，也難免伴隨著陰鬱孤寂的冷感，如同一位生長在臺灣的女作家所說「藍」，是難以駕馭的一支色裔，像色彩中的遊牧民族，自由隱沒於晴空、砂丘、草原、瀚海與深淵之間，在它們身上，既看得到死亡的蔭谷，也反映出稚兒無邪的藍瞳。

　　煙波藍，靜穆、純淨而又迷茫，輕盈中隱伏著憂鬱、頹廢乃至死亡魅影，它是敏感女子藝術之夢的景深和底色。本書下篇《她們的感性世界》，在在都是女子的藍調夢境，攜帶我們以歡愉的心情跨越時光門檻回歸年少情景，欣賞青春特有的亮度和暖澤，玩味藝術風姿的綽約與優雅。

二、哀怨的堅持

重負千年的愁苦哀怨──女作家開拓新領地──
張秀亞的淚滴──琦君淺愁──家是粗壯的鎖鏈

夜正年輕
而記憶卻非常古老了
我看見
一朵朵苦笑自你的唇邊消失
有如燈花在落

夜正年輕
夜正寒
還撥那小爐的灰燼嗎
鬢也星星
更怕見夜也星星
回憶中的江幹有殘燈無數

──張秀亞《夜正年輕》

哀怨，長久以來盤踞著中國女性的心靈。中國古典文學本來有
「悽愴感傷」的美學傳統，「傷春」、「悲秋」、「強說愁」的審

美特徵在男性作家的筆下也是屢見不鮮的。但是，這一事實並不足以否定這樣的現象，即是在男性本位尤其是禮教盛行的傳統中國社會環境中，感傷哀怨的情感一直佔據和侵蝕著廣大女性，歌吟愁苦淒清的詩詞歌賦也是最為廣大女子所欣賞和仿效，因為它們才最能引起她們深深的共鳴。近人畢振達輯《銷魂詞》，共收民國初年95位女子234首作品，其中平均每兩首就會使用一「愁」字，每三首出現一「斷腸」、「銷魂」；至於「啼」、「哭」、「病」、「憔悴」、「淒切」、「淒涼」更是俯拾即是。

在漫長的中國等級社會中，不論是痛惜紅顏薄命的才女，還是「嬌多無事作淒涼」的貴婦，乃至廣大的底層婦女（有各地淒婉的山歌民歌為證），女性作者總是無法擺脫「閨閣哀怨」的。當一個女性「足不逾閨閣，見不出鄉郊」，囿於小天地中，生命沒有了燃燒的激情，僅剩下一點呻吟哭泣的微弱之力，發出哀怨之聲，也是值得同情的。在暗夜如磐的年代，我們又能要求她們有什麼超越時代的壯舉嗎？

民國初年以後，女性的精神狀態有了極大的改變，受到五四精神影響的女性，不斷出擊，企圖掙脫千年的「哀怨」。五四婦女解放，作為一種傳統，也帶動了臺灣婦運。

自50年代初期，女作家就是臺灣文壇一道另人矚目的風景線。一批光復之後從大陸遷台的女作家十分活躍。1955年，她們成立了「臺灣省婦女寫作協會」，到1965年，光是協會登記在冊的會員已經超過300人。女作家不僅在創作上表現優異，囊括了許多文學獎項，而且成為文學刊物或者報紙副刊的主持人，也擔任文藝協會的領導。在她們的努力下，也出現了不少特地為女性作家開闢的文字版面，如創立於1949年的《中央日報・婦女與家庭》（週刊），以及《中華日報・婦女版》。

當時活躍在文壇的女作家大都為上個世紀30年代以前出生的，包括謝冰瑩、張秀亞、徐鐘珮、琦君、鐘梅音、林海音、孟瑤、張漱菡、艾雯、羅蘭等。她們雖然也會因觀點的差異而在報刊上你來我往的筆戰一番，但生活中依然姐妹情深，除了參與各種官方或半官方的文藝活動，她們還自發地組織了一個「女作家慶生會」，每月聚餐。最初參加者只不過是十餘人，後來增加到五十多位，自1953年起，一直延續到80年代。

這些女作家當然與古代女子全然不同，她們有著現代教育的高等學歷，有著文學才能和獨立生活的能力。然而，她們當時的生活和寫作狀態大都不離傳統軌道，就像四十年前臺灣省婦女寫作協會主編出版的書中寫的那樣，「大多數在工作、辦公的餘暇，更親操井臼，自理炊洗，兼為標準的賢妻良母，……夜深更靜，一燈熒然，在紙上譜出她們感人的心聲。」（《婦女與文學》）

依然是生活裏賢妻良母，雖然她們也或多或少感染或者接受了五四以來風行中國的女性意識，但在心理上她們依然無法全然擺脫千年來中國才女的「哀怨」。這裏我們以張秀亞、琦君等人的創作為例。

張秀亞，1919年生於河北邯鄲，高中時已出版小說散文集。後考入北京輔仁大學西語系，曾主編重慶《益世報》副刊。1948年隨輔仁大學遷台，以後一直在臺灣輔仁大學教授英美文學及翻譯。她已結集出版的散文集達25種，另有詩集、文論、傳記、小說二十餘種。作品被譯為法、英等多種文字出版。

50年代到60年代的初期，張秀亞是臺灣文壇上最為引人注目的女作家之一。

張秀亞出生在仕宦門第。50年代，她在一篇文章中說起她的性格與文章的關係時，直言不諱的承認，她母親的性格對她有很大

的影響。她的母親生於清末一個顯赫的家庭，然而最終承續的只是「滿架詩書，同一個敗落世家」。她母親是家中幼女，性格婉美，「如同金線描繪出的一株幽蘭」，從草長鶯飛的江南下嫁到地瘠民苦的北方海濱後，「長年浸漬在憂鬱中，明慧歡愉的性格，變作沉默多感」。張秀亞說：「自她，我承襲了那份沉重的憂鬱，而汪洋在童年周圍的大海，又教給了我怎樣用幻想來飾美夢境；我如今猶時常在二者中沉埋。世界上如果還有我羨慕的東西，那便是小小的黃鸝，黃昏雨後，在枝間葉底，歌唱著自己的憂鬱、幻想和喜歡」。（《苦奈樹》）

和許多才女一樣，張秀亞的人生也有許多波折──童年時期家鄉屢受各方軍閥散兵洗劫，眼見自家由小康墮入困頓；少年時代正逢外寇入侵，離家獨居，歷盡飄零之苦；青年時代又遭遇婚變，獨自一人牽扯著一對幼兒。文學創作是她於亂世風雨中隱避自我撫慰心靈的一間小屋，她的作品大都抒寫個人身邊瑣事。在對這些瑣事的細微描寫之中，表現出一個中國舊式才女的隱痛與哀怨。

張秀亞的筆下常是溫馨的殘夢，旖旎的風光，繾綣的情意，以及童年時家庭可貴親情，還有飼養小動物及養花植草的樂趣。抒寫的是一種典型的閨中情懷，雖然也受到西方文化的影響，特別是基督教的愛的呼喚時時可見，但無論思想情感，人生態度都是中國才女型的，哀而不怨，動中適度，立意造境取自中國古典中淒婉意境；遣詞造句，每每引用中國古典詩詞和西方浪漫主義詩句。

經過「五四」洗禮的張秀亞，當然不會等同於舊時無助的春閨夢裏人，終日以淚洗面的棄婦。她理智上時時提醒自己，不必為逝去的愛情感嘆。她寫道：「婚姻的悲劇，我只以無言的沉默來接受了。這有時雖使我落淚，但無形中鑄成了我的勇力與堅定。我不願

模仿古代的女詩人，去用一聲嘆息，一點眼淚來解釋宇宙。」（張秀亞《三色菫》）

可是，長達幾千年的壓抑，中國女性內心深處扭曲了的集體潛意識並非一朝一夕可以平復，它不像纏足所造成的生理上的扭曲那樣在一代之後便可消泯無跡。作為知識女性，中國女性中最先感悟到新思潮的的一群，也難於完全掙脫出這無形的羅網。請看張秀亞散文中的另一些句子：

「日曆撕到今天一頁，我突然感到天旋地轉，日月失色……斐力，我們結婚於今七年，我情感的蟲蛾，也為你牢釘在牆壁上等長的時間！外面煙雨空濛，綠樹搖曳……此情此景，多像我們結婚日山城的風光！不幸的是：當年我們行婚禮的重慶教堂，聽說今日已傾圮毀壞了。更可悲的是，我們艱難諦造的心上愛情聖殿，也為另一個女人拆除淨盡……在這七周年的紀念日，容我以淚滴穿成花環，到我的愛之墓園，徘徊獨吊！我無以打發這傷痛的日子，容我再以回憶的手指，去捕捉幾片逝去的雲霞。」

無須再大段摘引了。這濃郁的感傷色彩不正是第一代臺灣女作家不自覺又回復故道時的傷心自況嗎？

生於江南的琦君，本名潘希真，30年代末就讀於杭州之江大學中文系，在那裏受到著名文學家、江南大詞人夏承燾的諄諄教誨，夏先生培育了琦君高超的詩詞造詣，在如何作人與作文也給琦君以無窮的啟迪。多年以後，琦君還銘記著夏老師的一句詞：「留予他年說夢痕，一花一木耐溫存」。這詞的意思是說，人生雖然短暫，卻是美好的，只要有溫存寬厚的心去細細體會，就是一花一木，也都有無限情趣，即使是痛苦與煩惱，過後也會化作滿帶溫馨的殘夢。

　　琦君曾在一篇文章中寫道：「別老師後，他的詞與他的誨諭時時在心。抗戰期間，我嘗盡了生離死別之苦，避亂窮鄉，又經歷了許多驚險，在工作中，我也領略到人間炎涼與溫暖的滋味。我漸漸的長成了，我懂得，人要掙扎著生活下去是多麼不容易，卻是多麼值得讚美。我也懂得如何以溫存的心，體味生活中的一花一木所給予我的一喜一悲。」（《寫作回顧》）

　　殘夢也溫馨，這約略可以概括琦君大部分作品的意境。

　　《髻》是琦君的散文名篇，文章描寫了母親、姨娘和女兒之間的複雜情感。母親年輕時有著一頭長髮，後來梳理成髮髻，這時父親已經有了姨娘，姨娘不斷變換各式時髦髮型，正襯托出梳成髮髻母親的保守和失寵。然而，母親恪守婦道，以容忍平和，維持了家庭的和諧，化解了兩房之間的嫉妒和競爭。父親去世以後，在對夫君的懷念裏，母親和姨娘前嫌盡釋，成了一對終日相伴的老姐妹。母親那種克己，忍讓的品性在作者反覆的讚美和點染中，閃射出美麗的聖潔。

　　然而，畢竟還是有一種無處不在的淺愁，只是琦君為文從不好呼天搶地或極盡鋪陳誇飾之能事，而永遠是帶著一種輕輕的悲天憫人的態度，一派溫情脈脈的筆墨去描述那令人憂傷的舊時女性生活場景。她常常在筆端瀕近於悲痛奔迸之時，忽而突然援引幾句古典詩詞，以那厚重自持的詩境化解那幾乎不能自禁的憂傷，維繫其動中適度的古典風格。這使她的「哀怨」哀而不傷。

　　總體上看，五十年代的臺灣女性在書寫女性的悲哀時，大都發出低沉哀怨的音色，當然，一片淒迷愁緒中也隱含著申訴甚至不滿，但總是以委婉的方式包裹著，並不願喪失其溫柔敦厚的閨秀品格。

在「哀怨」的主調之外，也有少量的尖銳和直接的抗爭之音。

比如，繁露在《夫婦之間》（1955）這篇小說中就大膽以漫畫的筆法嘲弄身邊的男性文人好名而技窮。

喜劇衝突發生在一對夫妻之間：丈夫抱怨，文壇不公，只要是女人的稿子一律通行無阻，男人有好稿也不吃香。妻子建議來一個「投稿實驗」，自己的文章用丈夫的筆名，而丈夫的作品署妻子女性味十足的筆名。結果是，丈夫投出的「女性小說」被退稿，而丈夫掛名妻子執筆的文章刊出。丈夫轉而慫恿妻子繼續用他的筆名投稿，妻子以為無聊。丈夫遂有一番教誨和訓斥：「你們女人所以只能回到廚房去，一點也不懂得把握環境，利用時機……。」「難怪人家要叫出『弱者，你的名字是女人！』連投稿換個名字都不敢，這不是弱者是什麼？」

孟瑤教授則更為直截了當地以雜文觸碰性別議題。1950年母親節，她在《中央日報・婦女與家庭》（週刊）上發表《弱者，你的名字是女人？》，文章中大膽陳述她在自我發展與照顧家庭之間的矛盾和掙扎。她寫下尖銳激烈的文字：

「幾乎有點近乎病態似地崇拜武則天……。她殺女抑子，甚至於謀夫（雖然在歷史上還是疑案）。她多麼蔑視母親與妻子這光華燦爛，近乎神聖的誘惑啊。而這可怕的兩個陷人坑，誰要邁過了它，震鑠古今的勳業，便也隨著完成了。只是女人，所有的女人都慷慨地，自動地跳了下去！

……

我沒有看見家，我所看見的只是粗壯無比的鎖鏈，無情地束縛了我的四肢和腦；我沒有看見孩子，我所看見的只是可怕的蛇蠍，貪婪地想吞掉我的一切。我想逃出去，我想逃出這個窒息的屋子，伸出頭去，呼吸一些自由新鮮的空氣。」

　　那時是1950年，立足未穩的臺灣當局尚未撤開他那報刊檢查的大網，不過在臺灣第一大報上，女教授斬釘截鐵的話語並沒能維持多久，當局很快就以種種家國大義封殺了小女子的呼叫。

三、純情的渴望

縫隙中的女性羅曼史──銀幕上的純情──瓊瑤的魔力──
愛情簡章售完──敗德魔女

如何讓你遇見我

在我最美麗的時刻　為這

我已在佛前　求了五百年

求它讓我們結一段塵緣

佛於是把我化作一棵樹

長在你必經的路旁

陽光下慎重地開滿了花

朵朵都是我前世的盼望

──席慕蓉《一棵開花的樹》

　　50年代的「哀怨」的女性到了60年代有了新的面貌，隨著經濟
的起飛和對外開放的擴大，在政治禁錮中的臺灣青年女性，開始更
加大膽地表現自我，這首先體現在對「純情」──一種至高至純的
愛情的渴求。

　　50年代的臺灣，處於戰時狀態，高壓政治為造就一個軍事化清教徒的環境，必然遏止異議乃至浪漫。既然要求以戒嚴紀律來規範社會，那麼，卿卿我我兒女私情，就理應受到漠視，甚至是仇視。但是，和歷史上一切清規戒律一樣，戒嚴時期臺灣的種種禁忌也不免有其縫隙。在准軍事氛圍中，女性羅曼史卻悄悄抬頭，她所憑藉的土壤，一是蔣家為靠近歐美不能不於民主政治上有所表現，不能把歌舞昇平紅男綠女趕盡殺絕；二來五四文學傳統裏的左翼吶喊被當局禁絕後，徐志摩、朱自清的感傷浪漫一枝獨秀，造就了女性羅曼史源源不斷的滋養。

　　瓊瑤的作品是這一潮流的代表，她在其小說中極力宣導和表現的「愛「就是一種「純情之愛」，就像她在一炮而紅處女作《窗外》裏寫的，這種「愛」，「沒有條件，沒有年齡、金錢、地位、人種一切的限制」。

　　自1963年的第一部小說《窗外》發表後，瓊瑤作品便風靡全台乃至東南亞，不但小說印數多，而且至69年底，已有22部由小說改編而成的電影上映。（見下表）

　　瓊瑤小說改編電影一覽表：

　　瓊瑤的電影和影視歌曲，不但捧紅了一大批男女演員，如林青霞、甄珍、秦漢、秦祥林等（她們由於擔任其中的主角而獲得臺灣金馬獎或亞洲影展獎），而且為臺灣女性，提供了一種新型的偶像，尤其是成長中青年女性的範本。

　　60年代是臺灣女子中學開始普及的年代。畢業於女校且喜歡在小說中以女校學生生活為背景的瓊瑤，以她的小說為女生提供了相互交流的話題，甚至可以說是提供了臺灣青年女性認同的圖騰。在她以前的言情範本，如鴛鴦蝴蝶派，是男性寫就，過往時代的情愛

電影片名	書名	首映日期
1. 婉君表妹	六個夢（追尋）	1965.8.24
2. 菟絲花	菟絲花	1965.9.25
3. 煙雨濛濛	煙雨濛濛	1965.10.29
4. 啞女情深	六個夢（啞妻）	1965.12.30
5. 花落誰家	六個夢（三朵花）	1966.5.6
6. 窗外	窗外	1966.5.12
7. 幾度夕陽紅（上集）	幾度夕陽紅	1966.9.4
8. 幾度夕陽紅（下集）	幾度夕陽紅	1966.10.8
9. 春歸何處	幸運草（黑蘭）	1967.2.22
10. 尋夢園	幸運草（尋夢園）	1967.5.25
11. 紫貝殼	紫貝殼	1967.8.18
12. 窗裏窗外	幸運草（迴旋）	1967.9.15
13. 遠山含笑	潮聲（深山裏）	1967.12.9
14. 第六個夢	六個夢（生命的鞭）	1968.2.11
15. 月滿西樓	月滿西樓	1968.4.26
16. 陽生人	幸運草（陽生人）	1968.5.24
17. 深情比酒濃	六個夢（夢影殘痕）	1968.6.13
18. 明月幾時圓	六個夢（歸人記）	1968.夏
19. 女蘿草	幸運草（晚晴）	1968.6.22
20. 寒煙翠	寒煙翠	1968.8.14
21. 晨霧	潮聲（晨霧）	1968.8.22
22. 船	船	1969.2.29

　　哀怨；對於臺灣現代社會生活的女性，顯得有些遙遠陌生，而瓊瑤的文本，是多麼的親切和現代，況且，對於大多數女子，電影的感染力，也遠非小說文字能夠抵擋的。

　　瓊瑤電影裏的女主角扮演者，為了符合瓊瑤小說「三廳」（歌舞廳、客廳、咖啡廳）場景和如夢如幻的愛情意境，刻意演繹出一種亮麗青春和典雅飄逸的氣質，古典之中有幾分西化，這成為當時臺灣青年女性群起仿效和追逐的形象和氣質，在六七十年代臺灣青年女性的言談舉止和裝扮服飾上留下或深或淺的痕跡；瓊瑤作品中那些新潮的生活方式，談情說愛方式甚至爭吵衝突的方式，內心情感模式都自覺或不自覺地為臺灣的女性讀者和觀眾所仿效。總而言之，瓊瑤的創作，特別通過電影和歌曲，對60年代的臺灣女性文化有一種不可低估的塑造力。

　　瓊瑤之所以能如此「熱」，與當時臺灣地區在愛情上的禁錮有關，也與愛情禁區的鬆動有關。（當時的臺灣社會的轉型與80年代初期大陸沿海地區有相似之處）

　　60年代的臺灣社會，兩性的交往不但充滿各種道德禁忌，而且受到社會法規的嚴格限制。直至1968年，臺灣地區還發文，禁止在茶室、咖啡廳等公眾場所擁抱，接吻；更早些時候，在1956年，臺北市有兩位女子穿短衣短褲上街，竟被相關單位以妨害風化罪罰款50元。

　　當時在校的女學生的情感生活和服飾髮型也是戒律重重，大多數學校對服裝髮型都有嚴格規定，比如，女生著裙，不得短於膝下5公分；女生頭髮，必須長過耳垂3公分；不管何種原因，接男生一封信均記過一次。在這樣的環境中，女生，那些青春少女的代表又是處於怎樣一種情感狀態中呢，我們可以從瓊瑤的小說描寫中略窺一斑：

在瓊瑤的成名作《窗外》裏，有一個性格大膽開朗的中學女生周雅安，她會在私下裏彈吉它唱自己作曲的情歌，某日班級集體出遊，同學們要求她演唱一首。

小說寫道：

「『好吧，別鬧，我唱就是了。』她唱了起來，卻是救國團團歌：『時代在考驗著我們，我們要製造時代……』，馬上，部分同學合唱起來，接著，全體的同學都加入了合唱，她們才唱了幾句，立刻聽到另一部車子裏也揚起了歌聲……，唱的是不久前音樂課上教的歌：『崢嶸頭角，大好青年，獻身社會做中堅……』。」

另一個例子是《幾度夕陽紅》中的片斷：

「她（楊曉彤）情緒紛亂到極點，直覺感到自己正在做錯事，而且有份模糊的罪惡感，因為學校是向來不許女生交男朋友的……明天訓導處一定會傳她去大罵特罵，同學們會交頭接耳竊竊私語……品行不端……她更加心怪意亂了……在她的道德觀念裏，一個正派的女孩是不能和一個男人走進咖啡館這種地方的。」

學生，尤其是青年學生是一個時代中最富叛逆性的群體，而從小說中我們看到，當時的臺灣女生的心態：她們缺乏自我天地，壓抑著自我的情感，無論是唱一首自己喜歡的歌，或者是和自己喜歡的男生約會一次……都生怕觸犯禁忌。可以看出，當時的臺灣女性，即便是都市裡的青年知識女性，不但處於一種高度政治化的高壓氛圍中，也生活在封閉的道德禁錮裏，兒女私情被視為一種不道德的行為，投身愛情者不可避免有一種負罪感。因此，當時臺灣的一些女作家的愛情小說常常出現的女主角是純潔、謙虛、天真、重視貞操。作品裏想要教誨女讀者的是，女人不需要向社會要求什麼權利，只要有德行，注重潔身自好就會得到好男人的愛慕和追求。

　　然而，瓊瑤的小說正是要衝破這樣的禁區，在她的第一部小說《窗外》就開始對體制中強制的填鴨教育與升學主義大膽質疑，並透過主人翁江雁容與江太太的話語懷疑傳統婚姻，說出「婚姻對女人是犧牲而不是幸福」「不靠丈夫，不靠女兒，要自力更生」。1966年，在《紫貝殼》的後記中，瓊瑤更明白寫道：「我筆下的女性往往都很堅強，任性，具有極強的自尊心和相當的自負。」

　　在60年代初期的臺灣，瓊瑤小說雖然並不是最前衛的女性文學，但借助於電影和報刊強大的傳播力量，她的作品對於女性的解放仍然有著積極的意義。首先，她提出了女性對愛情的大膽選擇；其次，她的小說提供了一些以台港60年代都市社會為背景的都市男女的戀愛形態，這些對於當時極其閉塞窒悶的臺灣女性世界不啻為一股清風吹拂。

　　瓊瑤寫於60年代的早期小說，如《窗外》、《幾度夕陽紅》，還比較用心，也多少溶入了自己對生活對愛情的獨特體驗。在當時那個禁錮得令人窒息的環境中，有相當的衝擊力。但是一舉成名之後，瓊瑤在思想上回歸保守，她小說中的女性最終也都以守著苦鬥得來的如意郎君為最高幸福；同時，瓊瑤也沒能在生活與藝術更上層樓，而是不斷重複自己，無論是男女主人翁的性格、外形塑造或是小說的場景、氛圍和情節衝突的設置，甚至遣詞用句都是如出一轍。以華麗得近乎俗氣的詞藻鋪敘氾濫而隨意的「愛情」，製造突如其來的「激情」和「疼痛」，塗抹大量的淚水，只能讓涉世未深的少女一度留連，而為更多成熟而通達的女性所不顧，很快就失去了她對威權社會與男權中心的衝擊力。

　　「瓊瑤式愛情」衰落的緣由，可以從新生代詩人顏艾琳詩歌中看出：

在一個出售愛情簡章的售貨亭裏，「我」正在窗口掛上「公休」的牌子，一位男子慌慌張張的跑來，用手扣窗

「還賣不賣，還賣不賣？」男子想得到速成的愛情培訓。

「我」用毫無感情的聲音，僵化地吐出一句傷人的暗器，「早沒貨了，而且聽說不再生產。」

啊，怎麼辦，怎麼辦？男子十分慌亂，我未來幸福的半生都被人買走了，我的情人仍坐在她家的陽臺上等我回去進行陌生的情節。

喂，你教教我吧，拜託拜託，否則我和她就要錯過今晚的月圓了，拜託拜託⋯⋯

「我」把所知道「愛情簡章」的條規念給這位男子聽，其中主要條款包括「誠實」，「不欺騙」，「信任」，「包容」，「理解」⋯⋯

那位男子打斷了「我」的話：

「等一下，這真是簡章的內容嗎？為什麼沒有浪漫抒情，溫存一點的，比較瘋狂刺激的，比較驚天動地的？」

在一個快節奏的社會中，許多人希望婚姻愛情也和職業培訓一樣，有一種速成培訓班或者簡明實用的自學手冊。顏艾琳的《有人向我索取愛情簡章》一詩正是以此為背景勾勒出一幕小小喜劇。腦子裏滿是瓊瑤愛情小說情節，滿以為可以用它來指導自己談情說愛的男人，不敢面對簡單樸素的愛情簡章而狼狽逃走。女詩人對虛構夢幻浪漫愛情小說的嘲諷和唾棄，在這幕小小的喜劇中表現得淋漓盡致。

顏艾琳的小喜劇完成於臺灣女性徹悟的90年代，不足為奇。值得一提的是，就在60年代的臺灣，瓊瑤大行其道之時，也已經湧出一批並不崇拜純情且大膽刻畫女子內在情欲的女作家，她們是歐陽子、陳若曦、施叔青、季季等。

其實，早在1963年，郭良蕙就出版了《心鎖》，在一個女大學生的半生故事裏，穿插了許多靈肉交戰和女性內心的情欲煎熬的場景。她因此被臺灣「婦女寫作協會」開除，《心鎖》一書也遭當局查禁。

前仆後繼用於形容歐陽子等女作家並不適當，她們並非有意觸犯檢查制度的律令或衝擊官家文藝團體的禁區，也不是視情欲描寫為女性文學的最大挑戰。她們的創作只是西方現代主義洶湧澎湃的大潮衝擊下臺灣女性主義的文學新聲。

歐陽子和陳若曦，同為臺灣大學外文系學生，她們當時與白先勇、王文興、李歐梵等同學一起組織了學生社團「南北社」，開始只是旅行，打牌和讀書，後來在社長白先勇的倡議下，在1960年創辦了《現代文學》同人雜誌，這一雜誌不間斷地辦了13年，60年代崛起的臺灣作家大都在《現代文學》上發表過作品，也都從它所介紹翻譯的西方現代作家作品中受到啟發。

歐陽子在高中和大一時期，擅長寫抒情小品，因淒婉哀愁而被同學譽為「張秀亞第二」，她也引以為榮。此時，在現代主義思潮的啟迪下，她告別了感傷，甚至有意模糊自己的女性特徵，本名洪智惠的她，以歐陽子為筆名，就是有意用中性的筆名。這種做法在臺灣女作家中並不少見，陳秀美採用陳若曦，施淑青故意去掉「淑」字的三點水，用施叔青，都是有意避開了有女性意味的字眼。後來的朱陵（袁瓊瓊的詩名），蕭颯也都有意在筆名上讓人雌雄難分，李昂和簡媜的氣魄還要大，李昂直言道：「取那個昂字，是希望可以昂起頭來，像男生一樣神氣。」簡媜雖然未曾有中性和男性的筆名，但有過這樣的想法，她說，自己曾經想用一個男性化的筆名寫尖銳的評論和小說，這個想法讓自己快樂了許久。快樂的

原因是，「我企圖從女性的思維體系裏創造出來『男性』——為他準備所有的資料，給他現實的身份證，玩一場借屍還魂的遊戲。我將設定他的語言、觀點、題材及文學觀。上帝可以從亞當身上抽取肋骨創造女人，為什麼夏娃不可以自取肋骨創造亞當？」

這種努力抹去女作家痕跡的思想，不僅表現在筆名的取捨上，也表現在創作中，那就是敢於將筆觸涉入歷來只為男作家縱橫而被視為女性禁區的領地，比如性愛與性心理的描寫。

歐陽子小說中的主角幾乎全都是都市裡的現代女性，她們全是與中國的傳統婦道背道而馳的，從心理到言談，行為。歐陽子不但以細緻筆觸將這些「黑暗的心」細細描繪，而且在冷靜觀察之外對筆下的「越軌女子」表現出許多諒解與同情。因此，她的小說一出版就招致嚴厲批評，說她寫變態心理敗壞道德。

其實，敗德與前衛本來就是一體兩面。陳若曦、施叔青的早期小說的女性也大都處在一種怪異反常的心理狀態中，陳若曦早期小說以鄉土關懷的特色著稱，（而後來她小說中的女性不是中性就是家庭天使）但她的《灰眼黑貓》和《婦人桃花》則怪誕不祥，前者中的黑貓及其黑色傳說籠罩活潑開朗的文姐，挾持父母之命的婚姻枷鎖一起將她逼瘋；後者中的女主角桃花，在降靈扶乩的「無意識」中，倒敘出一段敗德孽緣……作者就是在幽冥神鬼的掩護下，抒發女性對男權威勢的報復和戲弄。

施叔青60年代中期才高中畢業，卻以早熟的文學天賦接受了西方心理分析的方法，喜好內心獨白的敘述方式和以象徵魔幻表現畸零人物，那些畸零人物，男女兩性適成對照：女性是充滿著欲望與激情的瘋狂性格，佔據著小說中心，而男性則萎縮，如影子似地游離於小說邊緣。吳爾芙說，女人要想成為女性主義者，得先爭獨

立，消滅自己靈魂深處的「家庭天使意象」。上述諸家的小說正是傾向如此，或明或暗，這裏，我們無法一一詳述各家各篇情節，但以歐陽子《魔女》為例，讓讀者能有一直觀的瞭解。

該篇以一個女兒的視點寫母親的一生。

在女兒的記憶中，父母結婚20餘年相敬如賓，從不拌嘴臉紅。父親死後，母親把自己關在房間裏，哭了七天七夜。奇怪的是，父親去世未滿一年，母親就忙著要和一個花花公子成婚。女兒十分不滿，設計讓自己的女友與那花花公子相戀。為了把花花公子搶回來，完成自己的婚姻，母親不得不向女兒說明自己的隱情。

原來母親婚前已認識此公子，雖然明知他在性生活中喜新厭舊，走馬燈似地換女人，養情婦，嫖妓，但依然死心塌地地愛他。結婚二十多年來，每月都與他偷偷在外地幽會一次。她說，她是在「等待」幽會的渴望中，才能一個月又一個月地熬過她的婚姻。她不和丈夫吵嘴是因為「不在乎」，丈夫死後她哭，是因為「枉費了二十年輕青春」。最後母親竟對女兒說：「說不定，他（指花花公子）才是你真正的爸爸。」

天使的背面竟然是如此陰暗與醜齪。作者的這種顛複不僅指向女性，更指向家庭，指向傳統社會的意識形態倫理道德。

60年代，在與男性爭奪發言權的爭鬥中，臺灣現代女作家付出的代價是否定自己女性的身份，轉向認同西方現代主義男性大師，認同他們擊碎的倫理圖景；但從另一面看，她們同時也獲得了更大的空間和更多的自由，去挑戰傳統中國文化，在「藝術至上」和「追趕世界潮流」兩大旗幟的掩護下，她們半驚半喜地將女性心靈自壓抑扭曲的冷漠世界中盡情地釋放出來，第一次無所畏懼地施展身手，亮出對中國傳統父權文化漂亮的一擊。

四、天涯浪漫

留學留到了廚房裏──異域想像──多血的三毛──
出走不歸的桑青──未婚媽媽

從鳥翼到鳥，從風到樹，從影至形──
一顆種子從泥土出生的路徑與變化

我們的世界都有陽光的顏色
水的豐神，花的芳芬以及
鐘的無際迴響

「伐柯伐柯，其則不遠」
而盛藻如紙花，規則是冷鏈
倘生命不具，妙諦不與

若我是翼我就是飛翔
是漣漪就是湖水
是波瀾就是海洋
是連續的蹄痕就是路徑

　　從一點引發做永不中止的跋涉

　　涉千山萬水，向您展示

　　無邊的視域與諸多光彩

——蓉子《詩》

　　緊張且孤立的國際處境和當時相對低下的經濟收入，助長了臺灣社會的崇洋風氣，加上高壓政治和傳統文化的斷裂，六七十年代臺灣，知識青年為尋求個人前途大都爭先恐後到歐美深造，「來來來，來台大，（指臺灣大學）去去去，去美國」成為流行口號，當時的留學熱，堪稱五四後中國人另一波大規模的移民潮。

　　女性意識在「留學生文學」中有怎樣的表現，這是我們關注的話題，70年代的遠離家國在異國生活的臺灣女性，是一群具有追尋、冒險精神的行動主體，是積極樂觀的移民和旅行者，還是一群哀哀戚戚的被放逐者？

　　相對於較為積極、樂觀的移民和旅行，「放逐」這個悲情的辭彙常被用於解釋六七十年代的留學生現象，論者認為，兩岸的對峙乃至交火，白色恐怖與文化禁錮，是學子避走海外的原因，所謂的自我放逐。

　　放逐免不了漂泊無根與懷鄉哀愁，而在女性似乎還更多了一層生計的擔憂，請看女作家吉錚《會哭的樹》中的女主人的一段話：

　　「到必念的書念完了，手裏捧著一頂黑色的方帽子，心裏會突地一空，何去何從？做大公司裏的小職員？小公寓裏的長期住客？結婚似乎比念書更必然而且自然，不結婚作什麼呢？不結婚既不邏輯，也不安全。」

《會哭的樹》是臺灣留學生吉錚具有自畫像的作品，在小說的後記中，她提到因為真切地表現出那時在美國讀書嫁人的中國少婦的心態，這小說受到了70年代身處海外臺灣女性的偏愛。留學生文學的代表作家於梨華，對於周圍中國女留學生的處境與吉錚感同身受，在為吉錚作品集《孤立》作的小序中，更特地提到了《會哭的樹》，說它最好最「真」，寫出了「來留學終於留在廚房裏的女人的無可奈何。」

　　「無可奈何」說盡了女留學生的辛酸，其實，吉錚和於梨華，雖然想讓筆下的姐妹們表現出更多的自主獨立精神，但在六、七十年代的海外，她們也深知，臺灣女性的舍愛情就保障，並不像一些人指責的「嫌貧愛富」那麼簡單，她們的無奈其實遠多於虛榮。

　　60年代以後，臺灣經濟快速起飛，教育的普及與資訊的便捷衝擊著台灣傳統社會的文化結構，女性受教育及就業的機會大幅提升，女性的社會地位雖有所改善，但基本上仍不脫附庸的地位，大多數女性仍在勞力密集型的企業中從事繁瑣沉重工作，同時在家庭生活依然處於劣勢，參與社會的機會依然困乏。

　　也就在這個時候，有些知識女性因為到歐美留學而眼界大開，西方激進的女權運動，尤其是60年代末70年代初美國爆發的大規模的婦女解放運動，猛烈地撞擊走出國門的臺灣女性，喚醒了她們已經冰封多年的女性意識。70年初在美國攻讀法學博士的女留學生呂秀蓮就因親身感受了美國的婦女解放，率先提出了新女性主義。回臺灣不久，她就發表了一系列文章，嚴厲批判男尊女卑，主張做一個「能充分發揮志趣，適度保持自我，有獨立人格思想而與男女兩性均維持和睦真摯關係的女人」。後來更出版了《貞節牌坊》、《這三個女人》，被稱為「新女性小說」。

　　有些並未到國外留學的女性知識份子，也在自己的家庭中建構起現代社會的兩性平等和諧。如張曉風教授在她的《步下紅毯之後》就寫下了這樣的句子：

> 如果相愛的結果是使我們平凡，讓我們平凡。
> 如果愛情的歷程是讓我們由縱橫行空的天馬變為忍辱負重行向一路崎嶇的承載駑馬，讓我們接受。
> 如果愛情的軌跡總是把雲霄之上的金童玉女貶為人間煙火中的匹婦匹夫，讓我們甘心。
> 我們只有這一生，這是我唯一的籌碼，我們要合在一起下注。
> 我們只有這一生，這是我們唯一的戲碼，我們要同台演出。
> 於是，我們要了婚姻。
> 於是，我們經營起一個巢，棲守其間。
> 有廚房，有餐廳，那裏有我們一飲一啄的牽情。
> 有客廳，那裏有我們共同的朋友以及他們的高談闊論。
> 有兼為書房的臥房，各人的書站在各人的書架裏，但書架相銜，矗立成壁，連我們那些完全不同類的書也在聲氣相求。
> 有孩子的房間，夜夜等著我們去為一雙嬌兒癡女念故事，並且蓋他們總是踢掉的被子。

　　然而，在那時的臺灣兩性社會裏，這種和諧畢竟只是空谷足音，女性知識份子，留學生或大學教師的先行，並未形成更加廣大的波動圈，島內的廣大女性，依然擺脫不了她們的生活中的困窘和劣勢。

如果，在自己的土地上在自己的身邊不能覓得的理想的人生境界，又不屑以癡情夢幻來撫慰受創的心靈提升自我的境界，那何不將目光投向異域的真實故事。

　　三毛的異國傳奇正好滿足了內心日益噪動不安於現狀的臺灣女性，1977年，在臺灣男作家忙著揮舞民族大旗，對陣辯論家國大事時，遠在萬里之外的沙漠異域小屋中握筆的無名女子三毛，借著《撒哈拉的故事》，在臺灣文壇一路竄紅。癡情萬般的瓊瑤熱之後，臺灣女性的注意力又為三毛所吸引。

　　在三毛之前，臺灣已經有女性的異域生活描繪，那就是盛極一時的「留學生文學」。留學本來與異域旅行有相似之外，出國學藝，回家施展，與深入陌生之地旅行，借此開拓視野獲得新鮮知識提升文化品位，也大略相近。只不過我們上面說過，那時的留學生，謀生尋出路的要求遠遠超過了開拓生命探尋自我的渴求。所以，她們的作品也無法讓臺灣渴求新路的萬千女性獲得滿足。

　　1974年，31歲的陳平以「三毛」為筆名，在臺灣《聯合報‧副刊》上發表了《中國飯店》，從此展開一系列沙漠異域的風情之作，塑造出流浪女作家的傳奇形象。

　　三毛旋風席捲島內，自她的第一本文集《撒哈拉故事》出版（1976年）到她往中南美旅行半年後回台作環島講演（1982年），大約有六年的時間。

　　在三毛的故事裏，貫穿了一個動人的異國戀情。比三毛年輕的荷西，苦苦追求三毛未果之後，竟能苦等漫漫六年，由一個大男孩變成了英俊的大鬍子，依然癡心不改。當得知三毛欲往撒哈拉，他

一言不發，先去撒哈拉沙漠的磷礦公司找事，以使三毛來此時可以在身邊照顧她。

荷西抵達沙漠後給三毛寫了一封信，再次求婚。信中表現出一個追求愛情而不懼苦難的意志和有愛相伴天涯亦家的樂趣。後來，在沙漠生活中，我們又看到這個大鬍子，為了三毛，在烈日中走得幾乎累倒，找來一副駱駝頭骨，送給三毛當結婚禮物；我們看到，愉快的時候，他會把三毛抱起來，不管肥皂水撒滿自己一臉一整鬍子；三毛病重時，他跪在床邊，焦急得幾乎下淚，不斷用中文呼喚妻子的小名……

荷西溫柔情人和外籍臺灣女婿的形象，受到臺灣女性的高度喜愛和廣泛認同；而三毛，在作品中更是一個清新明朗健康的現代女性，她慷慨大方，幽默機智，周旋在西班牙人和撒哈拉人雜處的黃沙中，將沙漠中的家經營得無比幸福；她到海邊撿漂流木做現代雕塑，用棺材箱做桌子，茶几和書架，用洗淨的汽車舊外胎，填上一個紅布坐墊，平放在席子上當椅子。深綠色的廢棄水瓶，拿回家當花瓶，「插了一叢怒放的野地荊棘，那感覺有一種強烈痛苦的詩意」。

這種詩意的光芒來自在古老中國女性中少見的不羈生命，無關乎國族大義。三毛，這本處於種族（與近代西方西班牙相比）和性別弱勢地位的女性，憑藉著勇氣和智慧，夾帶著現代和傳統的知識（如中醫秘方與西醫常識），仗義任俠，調和種族見的宿怨衝突，照顧劣勢階級和性別，放在荒涼原始甚至有幾分險惡神奇的異國背景中，更顯得飄逸不群，令人崇敬。無怪乎，連崇尚和擅寫陽剛傳奇的臺灣軍旅作家朱西寧也要這樣讚頌三毛，說她「是唐人那種多血的結實、潑辣、俏皮和無所不喜的壯闊。」

在中國的傳統觀念裏，男人應該出外闖蕩，他們從事商旅、征伐或者趕考，披星戴月，風塵僕僕，有道是，好男兒志在四方。

傳統女子的生活定位本是家居甚至是深居，守空閨或撫遺孤。因此，七十年代的女性的天涯浪跡，不僅是傳奇，也暗示著女性意識的新覺醒。在那個時期，描寫女子天涯傳奇的還有聶華苓等人。

聶華苓的長篇《桑青與桃紅》於1970年完稿，1976年修正出版。

小說以日記的形式描述了中國女子桑青（後來變成精神分裂的桃紅）漂泊遊走的一生，她逃離抗日時期的四川，到北平，南下臺北，再赴北美，時間跨度30多年，由抗戰末期到上世紀70年代，（日記時間從1945年7月到1970年元月。地點為「瞿塘峽」、「北平」、「臺北」、「美國獨樹鎮」）值得注意的是，小說中的女人不但逃避戰亂，逃避中國，她也鄙棄美國，在桃紅的四封信中，有三封信前面附有美國地圖，詳盡標明小說中女主角在美國各州的遊走路線。

聶華苓在《桑青與桃紅》借著女主角的口這樣宣佈：

我永遠在路上。路上有走不完的人。有看不完的風景。一道又一道的地平線在後面合上了，一道又一道的地平線在前面升起了。

這樣的話語總會讓人想起勃朗特在（《簡愛》）裏的獨白：我渴望擁有跨越藩籬的視野，讓它引領我到那些我聽說過卻未曾親歷的大千世界，繁忙的城鎮，那些活力四溢的地方……不必再說人應該忍受靜如止水的生活，生命需要活動。

女性「在路上」（on the way）而非「在家」（At home）的姿態在這裏得到了充分的體現。

女性旅行者離開了父權社會為其設定了的位置，借著「在路上」的永久流動重構自己的世界。《桑青與桃紅》就是一個女性不

斷越界破壁，沖決地理上與心理上的各種無形有形的束縛的過程，小說細細地描繪著這個女性的叛逆：每當離家她就感到解放和自由，每當她試圖定居，不論北平、臺北或是北美，她就感到挫敗與恐懼，懼怕對她過往歷史的追究，曝光與責難。作者借日記這樣記載：

> 北平是個大回字
> 皇城
> 內城
> 外城
>
> 沈家住在西城太安胡同一幢四合院裏
> 大門
> 垂花門
> 跨院門

　　作者有意借助文字的排列和層層的城和門，顯示國與家對女主角的重重圍困與閉鎖。為了突破困境，女主角惟有不斷遊走，憑一張地圖。

　　在以遠走天涯來放縱不羈想像的同時，也有一些女作家關注自己腳下的土地，注視身邊姐妹的生存狀況。

　　季季的小說集《澀果》在當時具有相當的震撼，它包括在十個不同類型「未婚媽媽」的故事。在小說集卷首，作者寫下這樣的題辭：「獻給所有跌倒爬起，勇敢前行的姐妹。」

　　為了真實而深入地反映這些「未婚媽媽」的生活。季季深入到許多當事者的家庭裏去訪問，寫了《未婚媽媽的漫長旅途》調查

錄，對於這些姐妹，季季說：「她們的癡情和夢幻、忍耐和堅強，錯誤和挫擊，一次又一次赤裸而冷酷地震撼過我，感動過我。我希望經由文字的呈現，與更多同胞手足共嘗這份美麗與哀傷，並在實際生活中給她們更多的關懷和祝福。」

曾心儀也發表了不少對臺灣女性有影響的小說，其中大約可以分為兩類，一類描寫無辜少女淪落風塵的悲慘，如《烏來的公主》、《一個十九歲少女的故事》、《從大溪來的少女》、《朱麗特別的一夜》；一類寫城市女工在勞動環境惡劣報酬低下中的無助，以及在將性視為商品交易的濁流中掙扎求存的困境，如《彩鳳的心願》、《支票》、《冶宴》、《美麗小姐》……

在她的作品中，我們可以看到六七十年代臺灣都市女性的種種生活形態，有在「大都會飯店」裏陪日本客人的「歌星」，有一天工作十三個小時，下班出門還要被搜身的女店員，有被駐台美軍欺辱的酒吧女郎，以及充當活廣告招徠顧客的「美麗小姐」……

曾心儀刻劃身邊姐妹被商品化大潮逐漸吞噬的微弱身影，既痛惜她們淪落的悲慘，也在冷靜的剖析中，融入了為女子重獲新生大聲疾呼的激昂，表現了作者要求女性站立起來，開創自己理想生活的強烈願望。

五、自己的天空

自己的天空──殺夫的衝擊波──
女強人──經濟獨立不等於人格獨立

……變成一隻鳥，飛行……
……往太陽途中
我目睹絕望與生命同源
同流。光之河悲喜相續
不絕如縷

在星星的版圖上
我年輕無懼的翅翼
因預知下一次平庸的降落
而顫抖

而極目遠方滄桑平原
一座消失了的山
說：這是我廣袤的一生……

──曾淑美《飛行》

臺灣女性文學發軔於二十世紀五十年代，其時「戰鬥」文學在文壇雄視傲立，而女性文學以「閨閣文學」的「哀怨」面貌出現，因與政治無涉而被當局放行，並以婚戀故事懷鄉私語等與「戰鬥文藝」的充滿口號叫囂截然不同的清新風格迅速佔領了讀者市場，由此迎來了臺灣女性文學的首度繁榮。60年代至70年代，兩大報副刊以及《文學雜誌》、《筆匯》、《現代文學》等刊物造就了陳若曦、歐陽子、聶華苓、於梨華、施叔青等傑出的女作家，曉風、曾心儀、康芸薇也在此時嶄露頭角。更為流行的女作家是瓊瑤、三毛、華嚴、杏林子與郭良蕙。心岱、季季、馬以工、韓韓則在這個時代舉起了關懷土地的報導文學之旗。

　　然而，只是到了80年代，特別是「解嚴」以後，臺灣的女性文學才發展到了一個新的高峰。這首先因歸結於女性就業及受教育的機會大幅度地增加了。1953年，在臺灣女性20至24歲的人口中，平均只受不足四年的教育，為男性教育年數的57%；而到1983年，臺灣女性20至24歲人口已平均受到10年的教育，男性則為10.65年教育，二者相差無幾。臺灣女性的就業率也由1965年的33%增加為1983年的42%。其次，在於受西方女性主義，特別是70年代以後在美國蓬勃興起的激進女性主義的影響。承接著西方方興未艾的女權運動，更為重視男女兩性角色分析的女性主義文學開始在島內興起。呂秀蓮以《新女性主義》、《兩性之間》（1985）等書介紹女性主義理論之外，也以《這三個女人》（1985）、《情》（1986）等小說形象闡釋其理論；李元貞亦在《婦女開步走》（1990）等理論書籍之外，推出詩歌和《愛情私語》（1992）、《婚姻私語》（1994）等小說。

　　女作家普遍意識到女性角色與地位的問題，並在她們眾多的文學作品中表現出鮮明的女性意識與反抗情愫。女作家的作品廣受讀者大眾青睞，多年來在暢銷書排行榜上，女作家名列前茅居高不下。

　　人們第一次驚詫地發現，無論在創作界、評論界、出版界都有那麼多年輕的女性正焦灼地冒出頭來，發射出耀眼的光芒，巾幗不讓鬚眉地與男作家並駕齊驅。1980 年，女作家袁瓊瓊的《自己的天空》發表後，立刻成為島內引用甚廣的名詞，鼓舞起千千萬萬在中國傳統中飲泣世代的弱女子，去尋找不受男子遮蔽的「自己的天空「。在這以後，大量女作家的作品的名稱，如小說《不歸路》、《殺夫》、《陪他一段》……都成為社會大眾、傳播媒體的流行語，而在 80 年代以前，從來甚少有文學作品的篇名被如此頻繁的引用而成為臺灣社會的慣常用語。不論這些用語內中蘊含的是有趣或悲涼的話題，它們已足以說明女性文學中所反映的諸種社會問題已成為大眾關注的熱門，雄辯地證明了婦女解放是社會解放的天然尺規論斷的顛撲不破。

　　80 年代，臺灣女作家創作的興盛恰似雨後春筍，那時，30 歲上下已蜚聲文壇的有廖輝英、李昂、蘇偉貞、蕭麗紅、蕭颯、蔣曉雲、袁瓊瓊、席慕蓉、朱秀娟、鄭寶娟、夏宇、張曼娟、朱天文、朱天心等。

　　綜觀這一代新人的創作，大都將筆墨集中於社會變遷中的女性角色問題上。她們並沒有割斷自己與傳統文化的聯繫，然而，傳統文化的薰陶與認同，並沒有使她們走向婉轉悲啼的「閨怨文學」，正如歐風美雨的沖洗更使她們清醒地認識到「不能以為強調女權就是鼓勵女性離開家庭、不受約束、氣焰高漲性自由等」（李

昂語）。生活視野的開闊，文化素養的精深，對傳統與現代二者關係的深入思索，拓展了她們的心胸。她們走出了「春閨夢裏人」的境界，也擺脫了性別之爭的意氣。無論在生活裏或創作了，哭泣不再是她們表達感情的主要方式。不管是哭一隻貓或哭自己想哭的一切。她們作品的境界已涵蓋了更深廣的世態，巾幗不讓鬚眉地與男作家並駕齊驅，共同描繪出於傳統文化與外來文化衝撞下，農業社會向工業社會轉型期的臺灣社會的眾生相；洗淨鉛華，泰然自若，不動聲色地把筆觸伸向男性作家敢於涉及的一切題材中。她們的作品當然不失女性的蘭心慧質，但也並不願停留於純粹寫女性本身的感受和經驗。

　　80 年代臺灣女性文學對女性解放的探討是多側面展開的，內涵也極為豐富的。女性解放的呼聲從三個方面體現出來，一、女性的自然存在之解放。二、女性的社會存在之解放。三、女性的精神存在之解放。下面我們從這三方面展開。

女性自然存在之解放

　　在男權主義的社會中，女性的自然存在是受到壓抑的。首先，片面的貞操觀壓抑著女性的性本能和生存活力；其次，女性的自然體被視為商品，到處有金錢與肉體的交換；再次，女性作為自然人的活動被單向化，她被視為生殖的機器泄欲的工具，生兒育女不是創造生命兩情相悅，而只是傳統接代的必需。

　　80 年代以前，張愛玲的小說就已描繪了一系列性禁錮、性壓抑造成的病態女性群，如《金鎖記》中的曹七巧，《怨女》中的銀娣，終生面臨著欲望的深淵，無法掙脫。《第一爐香》裏的梁姑媽，《半生緣》的顧氏姐妹，為貪慕富貴而葬送了青春，也都常年

的饑渴著。其他一些女作家也對女性在兩性角色中的屈辱作了沉重的控訴，郭良蕙曾以大膽的筆觸及女性「性文學「的禁區，歐陽子的《秋葉》和《近黃昏時》則更加無羈地以一種反道德的態度描寫兩性之愛。就是在閨怨氣十足的瓊瑤小說中，我們也可以偶而發現一些女性性自主的要求，大概是有感於在自己生存的世界裏發現的女性的懦弱，生命活力的萎縮。瓊瑤小說的開端往往著力描寫一種態放的、無拘無束的、帶有一種原始野性的力的情愛，也出現了一些在兩性交往中大膽而無反畏懼的女性，雖然最終她們都回歸了閨房之中，去守著苦鬥得來的如意郎君。

80年代前後，李昂則以令男人震撼以至憤怒的小說系列，對中國女性所遭受的性禁錮、性無知和性虐待作了中國文學有史以來未曾有過的深入探究，大膽披露。

李昂，原名施淑端，臺灣中國文化大學畢業後赴美，獲戲劇碩士學位，後於臺灣中國文化大學任教。她17歲就發表了《花季》，闖入了性意識、性心理這雷群密佈的禁區；24歲以前出版了《混聲合唱》與《人間世》兩部小說集，在神秘的幻想與現實的潮諷之間，大膽探索女性的性愛、情欲與成長、責任等問題，剖析著愛情與情欲的糾葛。站在女體本位的立場上，既哀憫在「性的迷惘」中受到摧殘的姐妹，也對碾碎了無數無辜者的「性即罪」「性即惡」的傳統觀念擲去憤怒而大膽的質疑。

《殺夫》是李昂最受人關注也最有爭議的一篇小說。它描繪了中國女性最悲慘的一幕，在那裏活動的女性，不但沒有任何精神上的自由、社會活動的參與，連作為自然人的起碼需求——食欲、情欲都被剝奪殆盡。女主人翁林市的母親為了獲得幾塊充饑的飯團，一點人間的情愛，在祠堂裏與一個流浪漢睡了一晚，平常對她們孤

兒寡女視若無睹的族人此時發現了他們的權利，把寡婦的未能守身如玉視為奇恥大辱，一陣毒打後，林母從此拋棄林市，不知去向。而林市長大後被賣給一個近40歲的男子陳江水為妻，成了十足的泄欲工具。她只是在滿足陳江水的獸欲之後，才能到一些食物。在林市居住的小鎮裏，林市的不幸並沒有得到同情和憐憫，反而遭受到種種迷信的恐嚇和歧視，以及流言蜚語的嘲笑。在摧殘煎迫中，身心交瘁林市走投無路，在神經錯亂的恍惚中，她殺死了睡熟了的陳江水，瘋狂地把他斬成一堆肉塊。

人，首先必需是一個自然存在物，其後才能有他的社會存在與精神存在，而性是人作為自然存在物的一個基礎。李昂的小說在多方面表現出中國女性在性愛關係上的扭曲與困境。《殺夫》著重刻劃的是性虐待對女性的摧殘。《人間世》則表現出性無知、性禁錮對青年女子的危害，這篇小說敘述一對男女大學生在學校宿舍發生性關係，由於女方對性知識的缺乏，只好求助於學校輔導中心，最後校方得知了兩人「不正當」的關係後，將男生開除，女生退學。女方的父母當眾痛打了女生，並不許她再與那位男友繼續來往，這位女大學在身心兩方面都受到極大的傷害，根源就在於她對男女兩性關係沒有起碼的常識。而這種現象正是傳統社會對女性長期壓抑的結果，一方面色情氾濫而一方面又不能進行正常的性知識傳播，以致使少男少女們由於無知在不知不覺中受到傷害。

80年代在讀者大眾中享有盛名的年輕女小說家吳淡如和黃子音，也描寫了在性道德解體的工商社會中，女性懵懂無知或恬不知恥的性交易。前者有《邪窗月》，其中的女主角山村少女春夢，從被迫賣淫到習以為常，漸漸覺得這正是一種她所熟悉而且容易的謀生方式，而並沒有屈辱和低賤的感覺；後者的《CC小姐》是一個富

家小姐，在美國文化的影響下，早早接受了性開放的觀念，「打從小學五年級開始就懂得接吻，14歲便有了性經驗」。3個月就換一個男朋友。由於沉溺於性的遊戲中，她中途退學，毫無特長，只能不斷地用詐騙和肉體去取得自己的快樂和虛榮。

李昂的《暗夜》在更為廣闊的社會背景和鮮明豐滿的人物形象中揭示了性交易：電子公司老闆、暴發戶黃承德與舞女夢夢，新聞記者葉原與歌女張台晴之間，是赤裸裸的金錢與肉體的買賣；而在葉原與女記者丁欣欣、歸台的留美博士孫新亞這些新人物之間，卻將肉欲要求與金錢的索取裝扮為戀情——葉原和孫新亞看中的是丁欣欣年輕而性感的肉體，但葉原卻要不斷地在丁面前訴說他不能忍受無愛的性關係，孫新亞則以歐式紳士風度誘騙丁欣欣主動上鉤，丁欣欣醉心於葉原所能給予的物質享受，高級餐廳與時裝首飾，後又為了出國留學，打入更高層的社會圈子，又投入了孫新亞的懷抱，可心甘情願出賣肉體的她，卻要裝扮出一副惹人愛憐的純情少女的姿態。

貫串在李昂小說中的一個創作思想是，通過對不合理的性愛關係及其社會原因的批判，來達到建立完美的兩性關係。她寫性虐待控訴男女的不平等；寫性無知在不知不覺中造成的終身遺憾；寫性交易揭示性淪為物質功利的兌換券；寫性反抗表現新女性要求在男女交往中擺脫被動依附的心態。在舊倫理迅速崩潰、新倫理有待建立之際，新一代女性開始在前所未有的廣闊視野中思索自身在愛情與性愛方面的位置與取向，李昂小說是這一潮流在文學上的表現。她的小說以大膽探索兩性問題而橫遭非議，但實際上她是一個很嚴肅的作家。她並沒有為了迎合趣味低下的讀者而大寫那些庸俗不堪的調情動作和富有挑逗性的場景，而是力圖透過男女雙方的性心理來揭示人物的內在世界，挖掘出投射在兩性關係上的社會文化形

態，為婦女在兩性關係上的工具性被動性鳴不平，力求恢復女性在兩性交往中的人的意識。臺灣評論家認為，李昂是80年代臺灣女性文學中最重要的作家，她的重要性在於她站在女性的本位意識上對臺灣社會漠視女權的現象提出了嚴厲的質疑和有力的建議，給當代臺灣為情欲所苦、所惑、所誘而不自覺沉淪的姐妹們提供了一個反省與解決的形象參照體系。

在80年代以後，女詩人也敢於將性愛與情欲引入詩中。鐘玲、夏宇、利玉芳、曾淑美在這個題材上都力爭有所作為。余光中在評論鐘玲的詩集《芬芳的海》時說：「這本詩集裏至少有半打作品在性愛上頗多暗示，甚至著力的描寫……我想文學作品處理性愛，不一定就淪為不潔或不雅，區分之道在於有無必要。而且能否化為藝術」。鐘玲的《卓文君》把琴挑與性愛的挑逗迭合在一起，意象生動突顯：

你不必琴挑我的心

錦城來的郎君

我就是橫陳

你膝上的琴

向夜色

張開我的挺秀

等候你手指的溫柔

你不必撩撥我

錦城來的郎君

只須輕輕一拂

無論觸及那一根弦

我都忍不住吟哦

忍不住顫

顫成清香陣陣的花蕊

琴心的深空

往日只有風經過

只有黑暗經過

如今音浪一波又一波

錦城來的郎君

是你斟滿了

一甌春。

利玉芳《給我醉醉的夜》則以較直接的方式描寫對性愛的追求：

你一定不能接受

不能接受我突然處女起來的

牆

座落在你的面前

……

給我勇氣

給我微微的醉意

用來擊破虛偽的牆

讓真情俘擄我的靈魂

給我用肉體歌唱不朽的詩

給我厚實堅強的肩膀

我需要灌滿一夜的愛。

夏宇在她第一本詩集《備忘錄》中，更大膽而冷靜地描寫女性的生理及感覺，如《銅》裏的女性避孕，《一般見識》指涉月經，《薑嫄》一詩中寫道：

　　「每逢下雨天／我就有一種感覺／想要交配，繁殖／子嗣遍佈／於世上各隨各的／方言宗族立國」。

　　以周朝的始祖嫄為題，呼應中國遠古時代的母系社會，突出女性生生不息的天賦，用辭大膽，卻點到為止。

　　曾淑美探索的是情欲背後的心理狀況。在《哀愁》一詩中，她將做愛前的情欲寫成為「譁然崩落」的固體，雙方的靈魂都從身軀中提煉出來，一起傾聽欲念的跌碎。論者說此詩，「暢言情欲，卻淡得透明清潔」。

　　在西方女性主義詩人之前，臺灣女性的同行們在這方面的嘗試應是較為含蓄和收斂的，但在這裏，也表現了女作家對女性的自然存在的認同與讚頌，以及對男權社會中某些不成文規範對規範的反抗。

女性社會存在之解放

　　臺灣女性在兩性交往中常常淪為泄欲的工具，生兒育女的機器，她們的自然體被商品化，她們的自然本能被嚴厲地壓抑。這種自然存在的不平等都是與她們在社會存在中的不平等相聯繫的。可以這說，壓抑女性的自然存在就是為了壓抑女性的社會存在，前者是後者的必要準備和必然前提。對女性社會存在的壓抑主要體現在經濟與政治上，要求女性在社會活動中永遠成為男性的依附物。

　　對女性的社會存在的壓抑主要表現在政治上與經濟上的壓抑。這種壓制的集中表現就是人為地給女性投身社會活動設置種種障礙與禁忌。

　　在80年代以前，對女性所處的不平等社會地位的探討，在臺灣文學中也有所表現，但大多數最終都只能停留在控訴的階段，表現為對一種幸福的婚姻、美滿的愛情的追求，而無法寫出理想的正面女性，可以說是一處尋找如意郎君的哀怨文學。

　　在林海音的小說中，有多篇是民國初年的婚姻故事，後來收入《婚姻的故事》與《燭芯》兩個短篇小說集中。她懷著深深的同情寫出那個時代的女性在婚姻上的不幸；不僅作妾的女子屈辱終生，輾轉悲泣，就是做正室的太太也是有名無實，慘澹終生。在旅美華人作家，如聶華苓、於梨華的長篇小說中，也常遇見對婚姻和兩性關係描寫的情節，其中常見的處理是臺灣的青年女子為去美國或定居美國而不擇手段，有的拋棄多年的戀人，有的與一個相識不久的人結合，有的隨便地嫁給一個老頭或者黑人。在這些小說的沉痛控訴中也表現出深深的無奈。這種狀況是與當時臺灣婦女解放的現狀相適應的。

　　80年代，眾多的女性投身社會並在各行業裏嶄露頭角，與男性平分秋色。作為現實的投影，女作家開始在她們的作品中刻劃那些自信自強的新女性。

　　1980年獲聯合報小說獎的《自己的天空》，是80年代女性文學的一個很好的起步。自己的天空意味著晴空萬里的明朗開闊，沒有一絲男性陰影的浮雲遮蔽。故事是一個簡單而老套的故事：靜敏結了婚，丈夫成為她的全部，她安分守己，生活平靜，連自己出門都不會。然而，「她的生命」有一天突然提出，要和她暫時分居，以使他和外遇的舞女能夠住在一起。這樣一個弱女子面臨著退出婚姻

的苦澀難題，終於置死地而後生地站立起來，經過幾年獨立奮鬥，靜敏又開店又拉保險，逐漸成為一個「有把握的女人」，最終，她竟能主動出擊，與一個自己看上了的男人結為夫妻。作者袁瓊瓊在小說中通過女主角的奮鬥歷程向自己的姐妹們證明，女性有能力通過自強不息而取得自主的社會地位。

李昂在《愛情試驗》與《她們的眼淚》兩篇小說中，也塑造了兩個以自己的社會工作和奮鬥來肯定的自身存在價值的女性。《愛情試驗》中的女主角最終擺脫了個人的呢喃，主動決然割斷了與男主角情感上的藕斷絲連，在參與社會服務中肯定了自己的價值。《她們的眼淚》則塑造了一個更為豐滿的女性形象——雲阿姨，她放棄了一向習慣的舒適生活，把自己的一生奉獻給慈善事業，奉獻給收容所裏的失足少女，幫助她們走向新生之路。

朱秀娟的《女強人》描寫的是一個高考落榜的女青年林欣華自強不息的人生道路，她從臨時工做起，一步步地踏入工商界，最後掌握了一家赫赫有名的貿易公司，成為叱咤商場的女強人。在婚姻上，她也牢牢地掌握了主動權，她拒絕了幾個家境優裕而頗有大男子主義的追求者，選擇了能理解與支持自己事業的書生葉濟榮，表現了新一代女性自主自強自立的精神風貌，此書出版後獲臺灣中山文學獎，一連三年，連續名列暢銷書榜首，並被改為廣播連續劇及電視播出，在臺灣引起了強烈的反響。

女詩人也在詩作中嘲諷那種男性社會所要求的溫柔忍讓的女性形象。

筱曉《被淋濕的愛》冷靜描寫淋濕又風乾了的「有皺折的愛情」；李元貞《可以了吧》戲劇性地刻畫出一個自己休掉男人的女子；斯人《有人要我寫》是對男主編要她寫純情詩的風趣地調侃。

精神存在之解放

80年代崛起的女性作家中，廖輝英數得上是一個純粹的女性文學作家。從第一篇處女作《油麻菜籽》開始，她的筆鋒就始終沒有偏離對戀愛、婚姻、家庭的描繪，不但有以女性問題為重心的系列中長篇，還寫了《談情》、《說愛》《兩性迷思》等雜文集，系統地闡明女性在愛情、婚姻、家庭上應有的新的價值取向。

廖輝英小說中的女主角，大都是現代都市中的職業女性，經濟上獨立，事業上有成，在智慧、學識與能力上比起男性都毫不遜色，甚至略勝一籌，然而她們中的大多數都在婚姻、愛情上屢戰屢敗。在她們的不幸遭遇中，廖輝英不但抨擊了她們生活其中的男權社會，那裏有著種種成文與不成文的規定束縛了她們身心，而且更為濃墨重彩地描繪了女性自身在性格與心理上的怯弱與自卑，以及這種缺陷所造成的種種困境和窘態。

廖輝英的小說中的女性形象可分為兩大系列。

第一類是文化不高，年齡偏大而周圍又缺乏追求者的女子，為了乞討一點點的溫存、短暫的甜蜜，寧可追逐於有婦之夫身後，做地下情人或第二號夫人。雖然，她們所追求的男人，大都自私、冷酷、不負責任，甚至對她們頤指氣使地招之即來，揮之即去。即使如此，她們也死心塌地，犧牲了青春、名譽，在所不惜。這類女性如《不歸路》中的李芸兒，《視窗的女人》裏的朱庭月。

在傳統的社會裏，婦女沒有獨立的人格與社會地位。她生活得幸福與否，全看她是否身有所托，以及是否所托得人，在一個男權社會裏，一面要灌輸婦女一種柔順服從的觀念，另一方面它也保證柔順的婦女，接受了社會制約而且訓練合格的婦女，都一定能找

到一個可堪依託的男人。然而，在80年代的臺灣，這一切都變了，溫順的女性還是照舊的規矩去生活，可社會卻不再為她們的溫良貞靜負責了——不再負責給他們一個男人，而全要靠女人們自己去競爭。於是這些謙遜保守的女人們彷徨不安了。基於根深蒂固的傳統，她是一定要投靠一個男人的。如果她不能循著原有規定好了的軌道，明媒正娶地去得到她應得的一份，她便只好委曲求全地尋找任何可能的隙縫，去求一容身之地了。

廖輝英筆下的第一類女性形象群正是表現了這樣一種社會現象。作者指出：「女性要求獨立自主、男女平等，泰半心口不一，嘴巴喊得喧天價響，心態上卻仍停留在殖民時代，以男性為依歸而不自主。她們在許多不關緊要的權利上力爭，希望透過愛情和婚姻，全心去依賴男性。因為這種依賴的心態，遂失去了爭取自我生活的雄心。」

廖輝英的第二類女性形象，卻是一些經濟上優裕且才貌出眾的女子，她們敢於和男子在事業上「一爭短長」，如《紅塵劫》中的黎欣欣，是廣告公司的女處長，《今夜微雨》裏的精明幹練的杜佳洛，可她們也在愛情與婚姻上屢遭不幸。作者通過小說的情節的自然展開揭示了她們的悲劇根源於性格上似強實弱。

「經濟上的獨立不等於人格上的獨立」，女作家廖輝英如是說。

長期的壓抑和奴役在中國女性的心理上造成了嚴重的內傷，纏足造成的小腳帶來的生理上的創傷是容易平復的，而心理上的傷痕和扭曲卻常常在廢除纏足的一個世紀之後還頑強地冒出頭來，即使當女性們已經在社會地位與經濟地位上取得了令人刮目相看的業績，她們仍然難以免去種種自卑自憐的劣根，「女性弱

智論」，自卑自棄的閨怨意識，時時要抬起頭來，羈絆住她們前進的步伐。

在1985年出版的長篇小說《盲點》中，廖輝英塑造了一個嶄新的女性形象丁素素。與此前的女性不同，丁素素善於處理事業和家庭之間的矛盾，她敢於打破重重困境，充分施展個人的才能，成功地開創一份自己的事業；同時她處理家庭與婚姻問題也果斷自主，不卑不亢，維護女性應有的尊嚴，終於在事業成功之際，婚姻的危機也出現了轉機。在這個豐滿的女性身上，作者寄託了重建民主、和諧、平等、互愛的新家庭的理想。

六、頹靡悲涼世紀末

性別政治到性欲政治———都市化和新言情小說———

瘋婦女巫與怪誕文體———情欲書寫

當她這樣彈著鋼琴時恰恰恰

他已經到了遠方的城市了恰恰

那個籠罩在霧裏的港灣恰恰恰

是如此意外地

見證德行的極限

承諾和誓言如花瓶破裂

的那一天恰恰恰

日光斜斜

在黃昏的窗口

遊蕩的心彼此窺探恰恰

他在上面冷淡地擺動恰恰恰

以延長所謂『時間』恰恰

我的震盪教徒

她甜蜜地說她喜歡這個遊戲恰恰恰

她喜歡極了恰恰

———夏宇《某些雙人舞》

　　臺灣光復之前，臺灣婦女運動與祖國大陸的婦運有著相同且相異的發展軌跡。相同之處在於都是在五四文化思潮的影響下，由傳統而現代；不同的是，臺灣又有著日據時代的特殊經驗。

　　日據時期，日本當局基於經濟發展和文化同化的考慮，鼓勵臺灣婦女廢除纏足，女子讀書……同時，許多離開臺灣外出求學的青年，在新思潮的刺激下，也鼓吹女性解放，把它與臺灣的民族解放結合起來。

　　臺灣光復之後，國民黨來台之初，大陸遷台的一些女知識份子曾經一度活躍，並發表過一些女性解放的言論，但很快就在當局的緊縮和監控中萎縮了。

　　70 年代在臺灣爆發的鄉土文學論戰，在西方文化及商品化的壓榨下本土女性的悲慘境遇在論戰中得到突顯，然而，在大多數言論中，臺灣女性的困境只是被歸咎於美國大兵，日本奸商和臺灣買辦，臺灣的男性和父權並無過錯。

　　進入80年代，特別是臺灣「解嚴」之後，臺灣的女性主義運動空前活躍，臺灣婦女運動的焦點主要集中在爭取性別政治中的參政權、財產權、教育權和工作權，此前婦女團體主要的功能是維護政權穩定，扶助老幼，救濟貧困，以及展開聯誼活動。而此時期成立的婦女新知基金會和晚晴協會等婦女團體，則有突出和明確的女性訴求，它們是女性知識份子發起的自發性的臺灣婦女組織，具有廣泛的基層參與性，並不依附於特定的政治團體。

　　90 年代以後，臺灣女性運動由「公領域」轉入「私領域」，更多地關注女性身體和性的自主權。有臺灣女學者將前一種訴求稱為與「性別政治」，而後一種關注與訴求稱為「性欲政治」。「性欲政治」包括兩個目標，一、拒做客體，也就是拒絕成為男性

情欲的受害者。二、營建主體,致力開發女性欲望的主體性。情欲
自主。

90年代臺灣婦女運動的重要事件有:

1.促成臺灣相關機構設立婦女權益保障委員會

如「行政院」婦女權益保障會,國民黨中央婦女權益保障會,
臺北市婦女權益促進會等。

2.大力促進當局修改和制定有關婦女的相關法律法規

1994年,臺灣婦女界發起運動,要求再次修改臺灣《民法·親
屬篇》中關於婦女無財產權的法規。該法規原來規定,夫妻於婚姻
關係存續期內所獲得的財產,不論在誰名下,一律屬於丈夫;1975
年對此做了修正,但丈夫對妻子的財產仍有處分收益權;而且,法
規有不溯既往的條文,也就是說,在1975年6月該條文修正以前結
婚的夫妻,若是離異,則她在婚姻期間的勞動成果就完全由男方處
置。1994年的婦運迫使有關方面最終修改了該法規中不利於女性的
條文。

為保護女性而新訂的重要法規有:

1996年通過性侵害防治法。

1998年通過家庭暴力防治法。

2001年通過兩性工作平等法。

3.兩次婦女大遊行

1994年3月16日晚,臺灣師範大學一女生在校園圍牆上噴漆寫
標語,抗議某教授對她施行強暴。校方隨即召開調查會議,並同意

該教授自動辭職。4月下旬，臺灣中正大學又傳出性騷擾的醜聞。於是臺灣眾多婦女團體於5月25日舉行反性騷擾大遊行。

　　遊行中，何春蕤教授提出了一句簡明有力的口號，「我要性高潮，不要性騷擾。」這個口號次日成為不少報紙的新聞標題，以後更成為臺灣日常生活中的常用語，只是被男人提起時多少帶著諷刺或玩笑的意味。精明的商家也用它來促銷，一家中醫診所甚至借用它為壯陽藥的廣告語：「我要性高潮，沒有性高潮，就是性騷擾」。

　　1996年婦女節（3月7日）前夕，臺灣十八個婦女團體組成「女人100行動聯盟」，召集數百名成員上街遊行，並提出一百多項訴求。遊行隊伍抬著巨型的衛生棉模型，行經「臺灣總統府」時拋擲了數百個衛生棉，造成護衛「總統府」的員警紛紛躲避。戲劇性的場面引來大批媒體的報導。

　　遊行組織者認為這樣的動作具有兩層意義：一是突破公共空間中對月經的禁忌；二是抗議，針對當時臺灣首次「總統」選舉中，四組候選人對婦女議題的冷漠態度。

4.為《島嶼邊緣》雜誌策劃「酷兒」專輯

　　相對於1970年代崛起的西方同性戀解放運動，在1990年代西方出現的「酷兒」可以說是新一代的同性戀運動，但是這個運動卻企圖超越同性戀固定角色和身分，也企圖超越舊有的性模式和性文化。曾有人說「酷兒是身體和性不符合主流的性別／性的標誌」。由於酷兒深受後現代、後結構、後馬克思主義義等思潮的影響，酷兒也不認同同性戀解放運動中一些和現代性密切相關的概念。所以酷兒可以說是一種「後」同性戀解放的運動。

1994 年，女作家洪凌與男作家紀大偉一起為臺灣《島嶼邊緣》雜誌策劃了「酷兒」專輯，（1994 年第 10 期）所謂「酷兒」是英文「queer」的音譯，「queer」原義為怪胎，稀奇古怪之物等，也指稱同性戀。教科書式的用法是泛稱同性戀、雙性戀、脫軌逾越的異性戀（transgressive heterosexualities）以及跨越性別者（transgender），包括了雙性者（transsexual）、反串者（transvestite）、反串秀者（drag）、共服者（cross-dresser）、交叉性者（intersexual，俗稱陰陽人）等。

　　洪凌在解釋為什麼把英文「queer」翻譯成「酷兒」時說，原本一個比較通行的翻譯是「同志」，我們覺得不太可解而且也不太滿意。「queer」這個字眼是在歐美的五、六十年代十分低賤的一個稱呼，是立場非常堅定的同性戀者用來罵他們認為是最下九流的同性戀者的字眼，簡直就像把女人罵成賤人。

　　而在她們那裏，「酷兒」本意是尊重，喜愛歧異，而非黨同伐異的「同志」，「酷」帶有抵禦，抗衡的意思，有與主流意識形態抗衡之義，「兒」則期許暗示情欲有如兒童一般有持續成長的潛力。

5.臺灣大學的「A片影展」

　　1995 年 5 月，臺灣大學的學生社團女研社舉辦「A片影展」（三級片系列放映），並為此活動發新聞稿。女研社的主辦者稱，這項活動的目的之一是建立女生情欲對話的空間，另外也具有挑戰學校管理部門的意味，因為，校方對學生宿舍的管理有雙重標準——對女生宿舍嚴加看管，對男生宿舍都是放任的（包括允許每天晚上放A片）。

　　針對此舉，各式各樣的文字，苦口婆心的勸阻到聲嘶力竭的聲討，包括各種污穢的匿名信，往女生宿舍打去的骯髒電話，鋪天蓋地而來。

　　看A片在臺灣早已不是什麼新鮮事，不論是第四台，情色影院或者是音響店裏出租，在私人之間的流傳，各地的街頭巷口也經常貼滿色情廣告，人們習以為常。可是，在學校的女生宿舍放，也許沒有多少觀眾，卻不見容於社會。

　　由於媒體報導所帶來的學校壓力和與論壓力，女研社最後只得將此活動的名稱與定位做了修正，從強調女性情欲對話的「A片影展」，變為具有學術討論意味的「A片批判大會」。

　　但是，這件事也引發了一場深入的辯論，有論者指出，此事形成軒然大波的癥結在於，1.它發生在台大。台大是臺灣中產階級精英的象徵，而中產階級在現今社會裏是道德監控最嚴格的階層。2.操作者是女生。對於臺灣男性青年，看A片是一種成人禮，等於當眾宣佈，我知道也可以知道性事，我已經是一個真正的男人了。而女生是應該純潔無邪，在性方面屬於被動的無知的一方。3.宿舍被視為家庭的延伸，是父權制的家長把監控權移交給學校，女生不得放任自流。

　　在A片批判大會事後的記者招待會上，張小虹教授等女性學者提出了新主張：「不要貞節牌坊，也不要性解放，而是要身體自主權。」

6.彭婉如事件

　　1996年11月30日，臺灣婦女運動的組織者，民進黨婦女部主任彭婉如南下高雄，在離開會場前往住宿飯店途中失蹤。幾天後被人發現赤裸的屍體。

事件發生後，臺灣婦女團體在短短的一天內，迅速動員組成「婦女連線」，召開記者會，諮詢和拜訪相關臺灣當局相關負責人和警政單位，同時發起舉辦夜間大遊行，聚集在臺灣「行政院」門前，抗議臺灣當局召開的「治安會議」，在內容和議程上漠視婦女人身安全。

在婦女運動與媒體的壓力下，臺灣「立法院」迅速地通過了「性侵害犯罪防治法」，規定臺灣「內政部」應該設立「性侵害防治委員會」，各縣市地方政府設立「性侵害防治中心」，中小學每年應該有四小時以上的「性侵害防治教育」。

這次恐怖事件還引起了女性防暴措施的討論。臺灣中央大學教授何春蕤在接受臺灣《美麗佳人》雜誌訪問時，提出了「防暴三招」：一、攻擊強暴者下體。二、替對方手交。三、裝瘋賣傻，使強暴者震驚錯愕。方法是在他面前小便，再以尿液和泥土塗抹在自己的臉上，何女士此番言論引來爭議。論者認為她以輕浮方式看待問題。在回應文章中，何春蕤說：「對強暴的高度情緒貫注——也就是對性的強烈警戒——已經使眾多女人在日常生活中日復一日成為強暴的人質。說得明白一點，不改變女人對性的基本態度，就不可能改變強暴的恐怖統治，這也是為什麼『防暴之招』會輕浮／輕鬆地把防暴操練和情欲開發連在一起。」

7.女性研究的深化

90年代臺灣女性主義運動的亮點還有女性研究課題的拓展和深化。

自「解嚴」後，1989年，陳幼石和李昂合辦了《女性人》雜誌。同年，舉辦了「性別角色與社會發展學術研討會」。

　　1992年「中國青年寫作協會」主辦「當代女性文學研討會」，會後出版了「第一部落實本土的女性文學論述合集」。1996年舉辦《當代臺灣情色文學研討會》，就文學中的情欲表現，這個兩性社會中最敏感的話題做了深入細緻的探討，論文結集為《當代臺灣情色文學論》。

　　其他如女性心靈與生態藝術，臺灣祖母回憶與口述書寫、原住民部落經驗與女性手箚等一系列課題都引起關注。研究者企圖結合女性主義、第三世界文化及跨藝術等理論，探討臺灣女性存在的性別、族裔、階級、年齡等相互糾葛的重要論題。

　　《阿媽的故事》和《消失中的臺灣阿媽》兩本著作也是值得注意的女性研究成果，研究者從「一百個阿媽的故事」徵文比賽和「口述歷史」整理中挑選出臺灣女性故事，在多元敘事和女性書寫方式中再現了近百年來不同地域不同階層的臺灣女子的生活，並力求以此重構臺灣女性生活史。

　　這些研究為臺灣女性主義運動的發展提供了理論基礎和催化能量。

　　與女性主義運動齊頭並進，世紀末的臺灣女性文學呈現出多元的形態，它在世紀末臺灣都市生活的怪誕背景下，經過文體的變異與重組，在藝術表現和現實反映的深廣度兩個方面，都有了新的突進。

　　世紀末臺灣現實生活的最大變化就是都市化。早在1985年，臺灣城市人口就已占總人口的80%。90年代以後，農業萎縮，工業停滯而第三產業日趨擴張，資訊傳播網路無遠不屆，臺灣更成為一個「都市島」。良田廢去了阡陌。改種鋼筋水泥的方形怪物，公司的身影日趨龐大，將都市人吸入無底的黑洞並不息地與之起舞，聲光電化排山倒海，淹沒了靈性重新為大腦編織程式……

都市化的演變改變了女性的處境，成為世紀末都市羅曼史的新源泉。圍繞《皇冠》、《小說族》等通俗文學雜誌，加上希代出版社的策劃和金石堂書店的排行榜，興起了一批女作家群，如張曼娟、吳淡如、黃秋芳、席絹、黃子音⋯⋯

　　這些女作家大多有著高學歷，她們有的在大學任教，有的客串電視節目主持人，有的又演劇又做廣告，還在網上主持自己的網站。因此，她們與出版界，與廣大女讀者有更為良好的互動。

　　過去，優異的文學作品建立在由評論家，大報副刊、名作家聯合構建的評價體系之上，而今，女性羅曼史透過出版商（書商）、市場行銷者（書店及排行榜）炒作和讀者口碑，形成新的銷售路線。她們的作品可以說就是為都市裡的年輕女性量身定做的。從她們寫的內容和所傳達的觀念中，我們可以約略地看出世紀末臺灣女性的情愛新聲。

　　這些小說被稱為新言情小說，所謂的新，在於比起舊言情（如瓊瑤）它更加細微更多側面更富於想像力地刻劃都市女性的情愛生活。吳淡如善於寫生活中已婚女性的非份之想和一點點的越軌，以此表現女性那種微妙心緒；張曼娟喜歡寫都市人際網中女性無悔的愛；黃子音小說有《愛情罐頭》、《桃花遊戲》、《玩一次》、《夜祭》、《臺北一千零一夜》，從這些題目中我們已經可以知曉，她對都市社會中兩性關係的商品化，速食性有真切地描繪，她在剖析酒廊、咖啡店、MTV中的一夜情時，也深入地剖析了這種現象的心理原因——都市人普遍的孤獨、疏離，及時行樂⋯⋯在周圍男男女女瞳孔裏都燃著肉欲之火的舞廳裏，她借助小說中一位女主角，自問道：「為什麼她還要在一個男人的懷裏，去探索經過億萬年也確定不了的關於兩性間的種種答案呢？」

　　國際婚姻的話題在世紀末也被刷新，龍應台的《在海德堡墜入情網》和《墮》都是描寫中國女性異國婚姻的悲劇，前者中的女主人翁慘遭分屍；後一篇小說中女主角幾番掙扎，打下了未婚先孕的胎兒。鄭寶娟《異國婚姻》裏有8篇描寫遠嫁異族的中國女人，作者深刻地剖析了那些遠嫁海外的女子的功利心，把漂亮臉蛋當成通向富裕、通向高貴的通行證，把異國婚姻當成走向幸福最快捷的路徑。在她們看來，愛情算不了什麼，只要有了異國婚姻，不但「得到一個家，也得到一個國」。然而，作者寫出了她們的幻滅，她們在陌生甚至充滿了敵意的環境中左衝右突，終究無法圓滿快樂。

　　現代都市與傳統社會截然不同的生活方式和價值體系，必然塑造出新的一代，生成與之匹配的精神要求及情愛方式。

　　90年代，「新人類」在臺灣興起。「新人類」指的是生活在商品社會極度發達，資訊時代的環境中，肆無忌憚地享受與索取的一代人。他們的特徵是將一切行為（政治行為，宗教修為、婚姻家庭與情欲）都視為消費，遵循著投資回報的商品化邏輯。他們成長在安逸和平的環境中，沒有戰爭與憂患的記憶，崇尚及時行樂的哲學，同時又懷有對盛世不久的世紀末的隱隱不安。

　　新人類中的女性以一種全新姿態活躍在都市，她們肆無忌憚地對待生活，她們可以在一個個男性公寓中自由來去，可以在MTV包廂中與男伴解決饑渴順帶切磋床上技藝，但她們也無法逃避放縱與遊戲之後的空虛與幻滅，瞬息萬變的資訊社會，生存的荒謬感，使她們心理上過早地衰老。

　　如果說，描繪臺灣都市女性的拜金和及時行樂的作品更多地只是觸及臺灣女性生活的外觀，或者更多地作用於現實的層面，那麼，新人類的興起世紀末的頹廢的藝術表現就更多地作用於女性的

內心，這種表現就是「怪誕文體」和「情欲書寫」的興起。（所謂的「怪誕」或者「妖言」都是女性作者對自己作品的調侃嬉戲，以此命名，表明她們自居另類的勇氣。）

90年代以後的臺灣，「世紀末」恍若怪獸，橫衝直撞於都市人的內心，帶來迷狂，帶來頹廢，挾持著「世紀末」，感染著「後現代」，臺灣女性主義文學批評應運而生，她們認為，女性書寫的特徵，就在於流動性與感觸性，它抗拒並破壞一切。因此，女性作者執意以夢魘，以怪誕的隱喻來表現畸零人物，這不奇怪，這種書寫方式正對應著她們被禁錮在男性中心的無處可歸的憤懣狀態，她們以變異怪誕來顛覆象徵父權的理性思維。

追根溯源，早在六、七十年代，施叔青姐妹就已經不自覺地以「怪誕文體」來衝擊傳統的閨秀文學，在她們的小說中，多的是巫婆、童乩、乞丐、屠夫……這些畸零人的形體是兔唇、多趾、膿症、脫皮症、癡肥……精神上則有白癡、瘋顛、羊角瘋、性倒錯、性變態、亂倫、偷窺狂、自殺者……她們的背景，有棺材鋪、冷冰冰的瓷器店，土娼寮，有像墳穴火坑的小鐵鋪……。而在這陰森冷酷的場景中，出沒著壁虎、蜘蛛、蜈蚣、蝙蝠、蛇……連石榴、扶桑也開出了妖氛幢幢的深紅花朵，老榕樹竟被成了章魚般的食人樹……

無怪乎，小說家白先勇會說施叔青的小說世界是「夢魘似患了分裂症的世界，像一些超現實主義畫家（如達利Dali）的畫一般，有一種奇異、瘋狂、醜怪的美」。說死亡、性和瘋癲是她小說中「循環不思的主題」，她小說中的人物「完全都是孤絕的畸人，他們不可能與任何人溝通，只有一個一個地立在黑暗的荒原上，對著死神，喃喃自語」。

　　施氏姐妹的怪誕也許可以部份歸結於她們成長其中古老小鎮鹿港，一個閉鎖的，由迷宮一般鬼氣陰森街道和深鎖破落門戶連結起的小鎮，聖俗不分，異教相雜，禁忌與鬼話，瘋狂與死亡，虔誠與褻瀆……這一切緊緊纏繞著施家姐妹的童年的記憶。然而，在世紀末臺灣女作家筆下的怪誕，則更為自覺，它並非特殊的地域記憶，而出於一種世紀末的惘惘不安，出於對既定文學規範——由男性締造的規範——的反叛和顛覆。

　　世紀末臺灣女作家致力於修改、解構及重建傳統文學遺留下來的女性形象。吉伯特（Gilbert Sandra）和蘇珊（Guba Susan）的《閣樓中的瘋婦》（The Madwomen in the Attic）對她們有極大的影響。

　　此書以尖銳的語言指出，那些「永恆的女性」是被動、溫順、沒有自我，沒有故事的生物；而「怪物女性」〔如莎士比亞劇中的貝基‧夏普，（Becky Sharp）理甘（Regan），以及莎樂美（Salome）、美杜莎（Medusa）等巫師女神〕則更有自我意識，更有故事，也更不透明，讓男性意識難以滲透。

　　「女巫」或者「瘋婦」由此在女作家作品裏大量出現，成為風行一時的女性寫作策略。通過這些怪誕的形象，女性的憤怒和焦慮得以釋放，同時也改變了歷來夫權社會構建的女性形象。

　　施家姐妹寫於90年代的小說，如《迷園》、《香港三部曲》、《自傳、小說》等依然是淒暗荒涼與頹靡華貴並舉，日漸衰落的顯赫門庭充斥著鬼影幢幢，佈滿禁忌與未卜，充斥隱伏著蠻荒時代不可知破壞力量，同時也必然有狂亂的性愛。李昂《北港香爐人人插》、《戴貞操帶的魔鬼》系列，有意以「粗野」語言策略的對抗「女性特有的柔美風格」；施叔青在《香港三部曲》中，以男女之

愛欲關係影射殖民地中的權力糾葛，以女性的屈辱，淪落、掙扎的一生與香港歷史相映照。

更能稱為標誌性的女性怪誕文體的有朱天文的長篇《荒人手記》蘇偉貞的長篇《沉默之島》及洪凌的《異端吸血鬼系列》、《肢解異獸》等。前兩部長篇還獲得了1994年臺灣《中國時報》百萬小說獎。

《沉默之島》有意製造流離漂蕩的女性角色，它並列兩個不同的故事空間，並在這不同故事中複製所有主要的角色，兩個女主人翁晨勉，兩個妹妹（或弟）晨安與兩個丹尼，他們雖然都有著不同的情愛生活和性格變異，但也有著共同之處，他們都被剝離了固定的身份，處於漂泊之中，不向任何國家，階層甚至性向認同。這種「無認同」的態度隱然透露出女作家疏離男性話語世界的企圖。范銘如教授慧眼獨具地將這部小說視為女性電玩遊戲，她說：「兩個晨勉的不同故事猶如兩次遊戲。每一次啟動，幾個基本人物的背景與經歷得以重新設定。晨勉之旅行於各大島國好似電玩英雄之魔宮歷險：每一地方的文化歷史模糊，其重要功能在於空間切換，更新另一敘述／動作情節。不同於電玩版在於不以格鬥為人物相逢時的主要互動，小說代之以戀愛。」

洪凌在她的小說中，融合了科幻、色情、推理、偵探、魔幻、解構等各種手法，呈現的是一個人魔混雜，欲色橫流，腥風血雨的世界：吸血鬼的獠牙或豹牙，系列奸殺男性案、人獸雜交，父子畸戀……洪凌自己說：「我刻意將敘述方法看成一場角色扮演遊戲（RPC）的形式──不但有雙頭蛇，頭尾相舐／相弒的同性情欲／殺欲與之並列對照，也將大量的MTV影像處理方式挪移到文字的場域，零碎化所謂主宰論述，即講究頭尾完整，自

給自足的觀點……我的文本充斥著所謂的異國（exotic）／異色情調。」

朱天文的《荒人手記》將焦點集中於「荒人」（遭社會遺棄或者遺棄社會之人），她借著男同戀者的自述，展現社會畸零族群的愛欲生活，他們的游離、無根，他們是「親屬單位終結者」；他們也排斥任何公共體制，整部小說表現出「三三派」領袖的困惑：一方面用畸零人的不堪敘述「解構」國族主義的主張，一方面又流露出對國族主義時代的留戀。

文體變更的另一支是「情欲書寫」（女作家又稱其為「妖言」，或稱其為，女人叫春的陰性書寫）在此，女作家大膽披露女性隱秘的情欲世界，表達她們的情欲需求。這方面的重要作品有李元貞的《愛情私語》，作者自稱是「良家婦女的黃色小說」，通過對女子「在性經驗中成長」的描繪，呼籲「讓女性從性的盲目與曖昧中步出而走向性的啟蒙與大明大白，從而能與男性一樣享受性愛之樂。」又如成英姝的《好女孩不做》、《惡鄰》，陳雪的《色情天使》、《尋找天使遺失的翅膀》，程奇雲的《豪放女手記》和邱妙津的《水甕裏的紅蠍》，從中都可以讀出，「好女孩已死，情欲無罪」的共同宣言。平路《行道天涯》，李昂的《迷園》也都力圖將女性私密情欲曝光，不管她是神聖的國母，還是名門之女。

這種新的寫作姿態似乎要表明，對現代女性而言，生命並非要被賦予國家，民族和人類的意義光環才有了價值，在女人的世界裏，身體、感覺或許就是生命意義的起點和歸宿。也因此，在她們的作品中，傳統的性倫理，性規範受到了空前未有的背叛。性的快樂主義被推崇，女人並非是傳宗接代的工具，她應該對自己的身體享有自主權。

更年輕的女作家以「後現代」的反叛姿態出現，試圖打破「異性戀」中心，表現為傳統聽不容的「性少數」，在文學中重新審視傳統的「性變態」，如獨身、不育、同性戀，自慰，多伴侶性行為……

邱妙津的《鱷魚手記》、陳雪的《惡女書》、《蝴蝶的記號》、洪凌的《異端吸血鬼列傳》以及杜修蘭的《逆女》等一批小說都以女同性戀，畸型戀等為題材，與80年代臺灣的女同性戀小說不同，不但數量多，而且描寫更加大膽無忌。

在人物以及場景，雖然還有與新言情相似的，如女大學生（《惡女書》）、體育教師（《感官世界》）、小公務員（《裸體上班族》）和KTV、PUB、和公寓……但更多的是超現實的任務後場景：《惡女書》裏精神失常的斷指女鋼琴家，居於無名村落邪氣彌漫的木屋；《感官世界》中的食蟲族和冥王星；《裸體上班族》裏史前時代的岩穴女畫家、幽冥地府；《異端吸血鬼列傳》更加怪異地出現了狼少女、豹人、吸血鬼、2009年的東京新宿還有龐克和怪胎聚集的倫敦東區……

80年代的女同性戀小說，如曾獲大獎的凌煙的《失聲畫眉》，描寫歌仔戲女角之間的同性戀，其中歌頌的仍然是一種純潔的「姐妹情誼」，而此時的女作家則露骨描寫，甚至有意突出同性戀者在性方面的需求和行為。

邱妙津的長篇《蒙馬特遺書》是她的絕唱，自殺之前最後一次創作，那個長篇以二十封信組成，內容大致敘述自己在異國與外國女子的情欲經歷，作者從中解析並最終瞭解了自己真正的性向，幾經掙扎，無法擺脫。作者以內心獨白的反覆述說自己的情感經歷，不回避自己「天生熱愛女人」的內在欲求，同時也闡明自己結束生

命的一個重要原因便是受挫的同性戀情感，她寫道：「一切我對她的恨及對我生命的不諒解，都要在我的死亡裏真正地消融，我要和她在我的死亡裏完全和解，繼續互愛……我的死亡也是一次向她祈求諒解與懺悔的最後行動。」

　　傳統價值觀的日漸解體，新價值觀的多元紛雜且充滿著不確定性，也帶來了情欲世界的真假莫辨百無禁忌，邊緣的情欲戀欲，獲得寬容默許甚至大張旗鼓。世紀末的女性情欲書寫再次表明了社會文本與創作文本之間往復互動的辨證關係，也從特定的側面揭示了女性主義的突進。

　　1998年，臺灣11位女詩人創立了《女鯨詩社》，並出版她們的詩歌合集《詩在女鯨躍身擊浪時》，發起人江文瑜，在這本詩集的序中突現鯨之形象，宣告女詩人要在文學海洋裏「躍身擊浪、噴氣、嬉戲」，「讓女人的靈魂源源不絕從體內飛躍而出。」女鯨的意象預示著新世紀臺灣女性文學的舞臺將是更為開闊，女作家的的姿態將是更加無畏的弄潮。

中篇

角色種種

一、女兒

權威的崇尚者與柔順的仿效者——顛覆即定的親子模式——
複調生命協奏曲——臺灣女兒陳文茜

「女兒紅」歷來指的是酒，舊時民間習俗，若生女兒，即釀
酒貯藏待出嫁時再取出宴客，因此也稱「女酒」和「女兒
酒」。這大紅喜宴上的一罈佳釀，固然歡娛了賓客，但從晃
漾的酒液中浮影而出的那副景象卻令人驚心：一個天生地養
的女兒就這麼隨著鑼鼓隊伍走過曠野去領取她的未知；那罈
酒飲盡了，表示從此她是無父無母、無兄無弟的孤獨者，要
一片天，得靠自己去掙。這個角度體會，「女兒紅」這酒，
頗有風蕭蕭兮易水寒的況味，是送別壯士的。
……

血色，殘酷的紅。我總是記得一條淺色毛巾被汩汩流出的人
血染成暗紅的情景，那毛巾像來不及吮吸的嘴，遂滴滴答答
涎下血水。人血，當然是死神的胭脂。我想，若仔細看，會
發現血的顏色裏有多層的暗影，所以那色澤才能包藏豐富的
爭辯：死亡與再生，纏縛與解脫，幻滅與真實，囚禁與自
由……

而牲禮的紅是屬於童年時代跟母親有關的記憶。年前祭祀中，「紅龜」與「面龜」的紅令人感到溫暖。不獨是食物可口以及背後隱含的信仰力量才叫人緬懷，更重要的是每幢磚瓦屋內都有一名把自己當作獻禮的女子才使那紅色有了鄉愁的重量。

——簡媜《紅色的疼痛》

「角色」一詞是戲劇學的術語，指演員在戲劇舞臺上照劇本和導演的指示去扮演特定人物。不過，無論中外，角色的含義早已超越戲劇術語而成為人類生活的角色扮演，就像莎士比亞在他劇作中所說的：

世界是個大舞臺
所有的男男女女不過是演員
他們都有上場的時候
也都有下場的時候
一個人在一生中扮演許多角色。

中國古人也早就認識到「人生如戲，戲如人生」，或是「戲臺小天地，天地大戲臺」。認識到每個人都有角色的生活，必須通過學習和教養（特定的角色排演和修煉）而後「從心所欲不逾矩」，進入特定的社會關係中去扮演好社會認可的角色，以此來與特定的人群互動，才能達到完美的人生境界。

女性在兩性社會中最基本的角色扮演，應該是女兒、妻子、母親還有情人。如果只就角色的現實層面而言，有些女性終生並未扮

演過後三種角色，但女兒這一角色都是命定的，無法擺脫。女性自誕生之日起，就逐漸地進入女兒角色，她們會按照社會、父母、習俗和自我的要求和期待，選擇和調整去達成自己女兒的角色。

在中國的傳統社會中，女兒的角色被要求為服從父母，尊崇父母，接納承受父母的一切，所謂「天下無不是的父母」。而在女性主義蓬勃興起之後，傳統的女兒角色發生了變化，許多女性開始對既定的角色進行質疑，甚至大膽叛逆。傳統的女兒角色雖然在臺灣並未根本改變，但已經發生了相當程度的位移。

我們可以從女作家作品中對女兒角色的刻劃中略窺一斑。

臺灣老一輩的女作家（大約出生於上世紀20年代至50年代）絕大部分生長在比較開明的家庭裏，接受了良好的教育。在她們的觀念中，父親是一家之主，他有絕對的權威，女兒應該扮演乖巧、服從、贊許、支持的角色。

林海音在著名的《城南舊事》中就有《爸爸的花兒落了》，以尊崇的心情記述父親與女兒的過往。小學一年級時英子（林海音小名）喜歡賴床不起，常常因此上學遲到。一個冷天，父親催她起床，她覺得已經晚了，不想去上學。結果，被父親一把把她從床上拖起來，用雞毛撢子痛打一頓，腿上是青一塊紫一塊。從此，她改掉了賴床遲起，成了一位每天早早在校門外「等著校工開大鐵柵校門的學生」。她衷心感謝父親的調教，她也回憶在父親去世前，她一直很依賴父親，但是在父親的鼓勵下，她終於在父親去世後，成為一個獨立的小大人。

琦君的父親是一位將軍，畢業於陸軍大學一期後留學日本，回國後當了師長。在琦君二十出頭時就因肺病故世。在琦君的記憶裏，父親是一位嚴父，納妾之後和母親也疏遠了，只是在吟詩作文

和訴說自己的童年往事時，讓女兒感到「這位偉大嚴肅的父親」，不那麼讓人畏懼。（《蕭琴公》）當然，這種機會並不會太多，但也許因此而成為記憶中彌足珍貴的一章。

此外，女作家張秀亞、王文漪、丘秀芷、羅蘭、張曉風、曹又方、廖輝英記述父親的散文中，都寫出父親威嚴、正直，讓女兒衷心敬佩，讓女兒以他為榮的品格。

這些老一輩女性作家的父親，或者戎馬軍旅，或者位高勸重，他們與女兒接觸相對較少，因此此類散文大部分介紹多，描寫較少，有的除了一生的輝煌事功，留在女兒記憶中的只是一些簡化了的孔孟之道或者激勵上進的訓示，生活細節的貧乏使得這些父親面目模糊。

在傳統的女兒角色形成中，母親的言傳身教也起了很大的作用，在老一代女作家的回憶或記述雙親的散文中，母親在家庭中總是依照父親的意願，輔助父親來教育子女的，她們基本形象是溫順，忍讓犧牲。母親是女兒生命中第一個認識的女性形象，母親的形象很大程度上影響了女兒對女性角色（包括女兒角色）的定位。如若她們在成長中以犧牲和包容的母親為榜樣，便會趨向於在家庭中扮演忍讓和寬恕。

在琦君的散文中，我們看到了一個以處處以夫君為重的母親形象，母親16歲訂婚，19歲成婚，育有一子一女，丈夫常年在外，先是求學，後來赴任，她侍奉公婆，操持家務，管理長工和子女；可是父親在琦君年幼時，就有了年輕而時尚的姨娘。母親雖然也有一絲絲哀怨，比如，看到姨娘沒纏腳，會「對著鏡子照了半天，嘆息了一聲，悵惘地對我說，『原來你父親是喜歡大腳的，當初我要是不纏腳就好了。』」但更多的是無奈和委曲求全，當城裏生

活慣了的娘姨對鄉村裏的琦君母女不留情面的呵斥時，她只能忍氣吞聲，緊抱著痛哭的琦君（《我愛紙盒》）；當父親與娘姨又回到都市時，母親在家裏為父親繡鞋面，也不忘給娘姨也繡上一雙……（《繡花》）

新世代女性對傳統女兒角色的否定，首先是從對父親和母親形象的質疑開始的。

在這方面，張愛玲依然堪稱先導。

臺灣年輕的女作家從她的作品和回憶裏汲取了許多資源。

平路著手分析張愛玲的母女經驗，從張愛玲自傳性的散文和小說中一一尋跡：張愛玲兒童與少女時期，對母愛有一種無限的信賴，就像她自己所說的：「曾經以一種近乎羅曼蒂克的愛來愛著我的母親。」以後從被父親囚禁的家中逃出，搬去母親家裏，這時發現了母親對女兒，也有著在金錢上頗為算計有一面，並不都是心甘情願的付出。

她因此察覺了母愛的脆弱──一旦碰上現實的壓力，母愛就成了不再純粹的東西。

張愛玲的母親應該是一位新女性，她自立而新潮，是中國早期赴歐留學的新女性，不能為孩子全然犧牲，這樣的母愛雖然並不如傳統社會推崇的那樣偉大亦可諒解。而更多的母親卻用愛的名義，和夫君一道扼殺了自己的女兒的心靈自由。

除了前輩經驗，平路也有自身經驗，她的母親總是抱怨，自己沒有給丈夫生一個男孩子，以至平路也覺得遺憾，恨自己為什麼不是一個男孩。

她後來這樣分析母親們重男輕女的心理，「母親意識到多出一個女兒，足以讓自己在夫家的處境益發困難，或者，不免影響到丈

夫在公婆面前的地位下跌……她抉擇的背後，無形中依從的仍是父權社會的行為準則……原本應該極為貼心的母女相處，常常遷就父權而多一層曲折……母親為著取悅於一家之主的丈夫，自己率先做傳聲筒，傳播父權社會的價值觀，並且在這個價值體系裏負起監督的責任，因此，對女兒的管教也格外不合時宜與不近情理」。

　　要建立平等的關係，首先必須對傳統父女／母女關係的合理性作一番反省。

　　平路的反省從傳統的母女關係著手，擊破母性全然無私的神話。在女性解放運動中，女性主義者對母親角色進行了全新的剖析。在女性眼中，母親未必就一定是慷慨、和善、慈祥的化身，波伏娃《第二性》中說，母親的身上「含有自我陶醉、為他人服務、懶散的白日夢、誠懇、不懷好意，專心或嘲諷等等因素，是一種奇怪的混合物。」她愛孩子，因為孩子是她身體的一部分，是她身體的延續；她愛孩子，因為孩子是她精神的寄託物，是她理想的實現者；因此，母親在本質上是自私的。女性之所以對母親如此反感，是因為母親是引誘女孩成為「女性」的第一個精神導師，是因為母親是指導女孩走上「女性」，之路的第一本行動指南。母親是在男性的讚揚聲中高度社會化了的女性，她生存的任務之一是使更多的女孩子變成母親，完成女性生存的最高使命。她以一種可愛的「虐待狂」的方式對待女兒，她是女兒活動的直接限制者，它是女兒社會行為的直接規範者，她用種種方式，力圖把女兒塑造成真正地符合男性社會標準的所謂「女性」。因此，正是在這個意義上，美國女作家艾德里安娜・李奇把母親看成是「父權社會的合作者、共謀者。」

對母親角色的重新認識和批判，顯現了女性自我批判的尖銳性與敏感性，反映了女性生存的勇氣和渴望擺脫自身宿命的願望。與其說女兒對母親的個人反叛，不如說是對父權制度的挑戰和質疑。

如果說，對於女兒，父母親並非全然的無私，絕對的正確，那麼，如實地寫出他們的血有肉的真實面目，就是為自己女兒角色正確定位的前提。新世代女作家開始直面雙親，特別對於威嚴的父親，男權社會的縮影，她們開始敢於把筆鋒探入他們性格的深處。

李昂在《固執的父親》一文中，不但讚美父親的長處，也歷歷指陳他的缺點，並不為尊者諱。在她著名的小說《迷園》裏更塑造了朱影紅父親朱祖彥這樣一個柔弱的父親形象，在一次軟禁釋放後，猶如去勢，只能在朱母葉玉貞一種母愛式的照顧之下，沉湎於揮霍和回憶，無所事事。

三毛《孤獨的長跑者》在描寫父親正直善良也同時寫出父親的偏執，父親為四個子女畫好人生的跑道，要求至少有一人成為藝術家，一人成運動健將。三毛從小就記得，家中鋼琴老師，美術老師出入不斷，四個孩子被迫學琴。可是父親的理想並沒有實現，只有大姐最終當了一個鋼琴教師。父親依然不甘休，把希望寄託在第三代身上，但是孫子孫女同樣不能達到他的目標。三毛大膽寫出老父偏執的愛對子女造成的傷害——「我們當年最大的挫折和悲傷就是學琴」。陳幸蕙更是借著一個女兒的口吻，無所顧忌地寫出大男子主義的父親——「在會計事務所任職的父親，有著相當清癯斯文的外表，待人也堪稱溫和有禮，然而，當他毆辱母親，扯散她梳攏的長髮，挑剔荷包蛋蛋黃硬度不夠乃至洗腳水過於溫涼……時，粗亂的拳腳點子裏，卻總顯出那麼一種令人不敢置信的蠻力與兇暴」。（《日出草原在遠方》）

　　當然，即使是生長在開放社會中的臺灣新女性，她們也不是意圖割斷親情，她們並不像西方女性主義者那般激烈，她們追求的是在質疑和否定父權的至高無上之後，與父親達成一種有著友人甚至類似戀人般情感的平等的關係。換句話說，她們對女兒角色的定位，不再是無條件的屈從，一味的柔順，而是有一種全新的價值取向，她能獨立思考，大膽質疑，也能在平等的互相尊重中溝通交流。

　　在傳統的家庭中，父親對於女兒有更重要的作用。在女兒的成長過程中，父親一般代表著外在世界，一個女兒的獨立、冒險和自我意識的最終完成，常常需要經過她對父女關係重新定位和詮釋。

　　簡媜的長篇散文《漁父》就是新世代女性對父女關係的重新詮釋，它不但是作者「自我療傷」的記錄，也是臺灣新生代的女兒角色尋求更新的見證。

　　《漁父》一改過去女作家追憶父親那種尊崇、讚頌的敘說方式，大膽真實地寫出自己對父親複雜情感：寫出他可親、可愛的一面，也寫出父親可氣、可惱甚至可恨的一面；寫出了對父女關係的多層領悟：在男權社會裏，父女關係是一種原始的命定的，征服與被征服的關係；寫出在女性自我意識朦朧覺醒期，女兒和父親也可能存在一種類似戀人的情感。

　　父親是一個生長於鄉村的農人，後來以販魚為生。和那個時代大多數臺灣莊稼漢一樣，他恪守著傳統倫理，孝順、勤奮，疼惜妻兒老母，但也有些大男子主義，重男輕女。

　　父親見到頭胎生的是女兒，有些不滿足，喚她「老大」，轉移未生兒子的失望，但因為她哭鬧的厲害，又狠捏她的鼻子，其中也有一種宿命的怨恨。她父親並沒有給她什麼文化知識教育，他會罵

人會酒醉鬧事，有時酒氣沖天地叫女兒來為他脫鞋脫襪；但他也會給懷孕的妻子買酸梅，做生魚片給老母和女兒吃，為家計不辭辛勞東奔西走……

就正常的家庭而言，父親是女兒一生中最早接觸的第一位男性。心理學的研究證明，女兒兒時與父親／男人的相互關係，對她的一生有深遠的影響。即使成年後，在心靈深處依然延續著，甚至植根於性／潛意識裏，左右或者成為她心目男人的知覺／直覺。就此而言，父親可以說是女兒裏生命中的第一個男人，如果我們不僅僅從宗法關係和倫理原則去判斷和解釋這種關係，我們就必須正視和接受，女作家對父親與女兒之間微妙的情感刻劃。

西方許多女性作家已經寫出自己對父親懷有複雜與細微的心理，如美國女詩人雪維亞莆拉絲（SYLVIA PLATH，1932-1963）在《DADDY》一詩裏就曾大膽表現自己對父親的佔有欲和愛恨激情，寫她20歲自殺是為了追隨亡父，又寫道，她欲置父親於死地而後快。另一首《克羅蘇士巨像》（THE COLOSSUS）更暗示自己與和父親的鬼魂成親。臺灣女詩人畢竟無法全盤接受佛洛依德，但也開始深入青春成長期對父親的微妙感觸。夏宇在《野餐》一詩裏，就寫出她13歲那年和父親一道去買書，卻因為急速發育而靦腆，自卑地遠遠地落在後面。

《漁父》中更加細緻地描寫了女兒對父親的特別依戀：

父親雖然經常外出，很嚴肅，但女兒依然特別喜歡他，父親有小鄉村裏唯一的一部摩托車，女兒遠遠地聽到他摩托車聲就趕快回家。

父親在她心中是神秘的讓人動情的，有人夫的靦腆，又有人父的莊嚴，她希望得到父親更多的關注和贊許，為此，白天，她在割稻時拼了命要超過父親；夜晚，她裝著熟睡，為的是讓晚歸父親

多叫她幾聲；當父親發現了她改換了髮型，也會引起她的欣喜和羞怯……

　　她也大膽質疑和父親的命定的關係：「叫你『阿爸』好像很不妥帖，不能直指人心，我又該稱呼你什麼，才是天經地義的呢？……連對『父親』的感覺也模糊了。夏河如母者的乳泉，我在載沉載浮。然而，為何是你先播種我，而非我來撫育你？或者，為何不能是互不相識的兩個行人，忽然一日錯肩過，覺得面熟而已？

　　當父親因車禍而死，在祭儀中，女兒有了這樣行動，「從伏跪的祭儀中站起來，走近你，俯身貪戀你，拉起你垂下的左掌，將它含在我溫熱的兩掌之中摩挲著，撫摸著你掌肉上的厚繭，跟你互勾指頭，這是我們父女之間最親熱的一次，不許與外人說（那晚你醉酒，我說不要你了，並不是真的），拍拍你的手背，放好放直，又回去伏跪。」

　　父親早在作者十三歲時撒手而去，卻讓作者終身相戀相思，她把和父親相關的點點滴滴細細道來，展現了一個少女與父親之間多側面的情感世界，其中有敬重、憐愛、痛惜，也有懼怕甚至憎惡，競爭和征服……清明理性和豐沛感性之外，還直探似乎是深海底部的自我潛意識，它擊破了中國千百年來「親情「散文的傳統模式，可以讓許多懵懂之人（尤其是粗心的男士）知道，女性的成長是怎樣從男性中汲取養份，兩性長幼之間即使在平凡的農家父女那裏也有著多重的糾葛，有割不斷的愛意也免不了發生差異、矛盾、競爭和衝突，父親的強橫與鮮血對於女兒固然是無法癒合的灼痛，然而，在強健的女性生命裏，一一都可化為成長的資源。

　　心理學家認為，啟蒙是使少年離開自幼年起那個受保護的理想世界，進入真實和經常令人沮喪的成人世界的過程。在啟蒙中，

少年發現童年的幻想距離現實有多遠；經過啟蒙，少年認清了哪些是自己可以達成的現實目標，哪些是應該拋棄的人生價值和行為模式。那些描繪一個人如何在挫折中認識真實世界，蛻變成長的故事我們通常稱之為啟蒙故事。就此而言，《漁父》是一篇少女心靈的成長史。

跟簡媜類似，三毛，朱天文等女作家也將一種更為複雜多樣的情感注入女兒角色中。她們都把父親的欣賞作為大事，之所以如此，都在於她們隱隱約約地感到父親的重男輕女；同時她們也有這樣一種思想；父女關係應該超越血緣而成為一種更加深刻的肯定與溝通。所以她們不滿足於父親那種基於血親的愛，她要的是，女兒本身有可貴之處而值得父親愛，甚至是敬。

三毛在《一生的戰役》中，將贏得父親的欣賞視為一生中必須打贏的戰爭，她在文章裏對父親說：「對我來說，一生的悲哀，並不是要賺得全世界，而是要請你欣賞我」。她認為自己從小到大一直讓父親失望，被視為罪人，不孝、叛逆，直到有一天，父親很滿意她的一篇文章，並留言說：「我讀後深後感動，深為有這樣一支小草而驕傲……」三毛讀了，消除了長期的自卑，激動萬分。

失天文姐妹出生於一個文學家庭，父親朱西寧是著名的小說家，三姐妹與父親的情感也並非僅是上尊下卑，而是兼有師長，同道，友人的諸種關係。在《家，是用稿紙糊起來的》、《給爸爸的信》等一系列寫家的散文中，朱天文寫到對爸爸的心疼和心儀：爸爸向來愛說笑，有一次他對女兒說，我和你們的祖父，曾祖父都是屬虎，有道是屬虎的活不過65歲，祖父和曾祖父皆是如此，我今年也已經六十歲，生命有限要抓緊寫作。雖然是說笑，但幾個女兒一聽就哭了，這就是心疼。

　　爸爸寫了許多小說，女兒們從小都仔細閱讀，有同道的心儀。待到女兒寫了文章，也要經爸爸過目。那時心情也是忐忑不安：

> 多半時候，爸爸對我寫的東西不予置評。如果他坐在沙發上閱讀，我會假裝無事的在客廳走來走去，倒煙灰缸呀，給花換水呀，把凳子從這裏搬到那裏呀，偷窺爸爸的眉色之間是凶是吉。
>
> 爸爸看完把稿子給我，我連好壞還不敢問，儘管把錯別字或技術犯規的地方，一一訂正。訂正完，沒話，那就是這篇完蛋了，自己嘆一聲：「好煩喔！」見爸爸溫和的笑笑，仍不言，就夠我去幾天閉門思過了。如果不錯，爸爸就會指出缺點說明。如果很好，爸爸倒會先不好意思起來，我才敢問：「怎樣啊？」通常爸爸只是笑笑，說「好啊。」好在那裏，也不說，卻夠我喜歡的去讀了一遍又一遍覺得真的是好的。
>
> 爸爸曉得我小說寫完，便討了去看。夜深的時候爸爸媽媽在書房的臺燈下讀著，我跟妹妹已經睡了，但我如何睡得著呀，耳朵支得老長，努力聽著遙遙的稿紙翻動的聲音，以及有時爸爸媽媽格格的笑起來，低低的言語著，我因為緊張過度，聽覺反而變為遲鈍，怎麼的集中了精神也未聽得一言半語，不覺恍惚入夢，朦朧中有天外的人語隱隱，月落如金盆。

　　而在瓊瑤的童年回憶中，她是得不到父親的寵愛的。抗戰逃難時，她的兩個弟弟走失了，父親在焦急中，意指著瓊瑤說：「為什麼失丟的不是你？」這句話深深刺傷了瓊瑤的心，久久無法平復。以後到臺灣，她讀中學，一邊讀書，一邊還要承擔家中大部分的家

務，「必須一大早起床準備弟妹的便當，下午提早從學校溜回家準備全家人的晚餐，學校老師為早退而扣我的操行分數，我父親竟又因此痛打我一頓」。

瓊瑤的童年記憶中，父親雖然是一個傷害她的人，但她始終懷著一種期待和眷戀，希望有一種和諧的父女關係，因此她的許多小說中，那些橫蠻霸道的父親幾乎最後都變得通情達理，可親可敬。同時瓊瑤也有一種幻想，希望女兒和父親有一種心靈相契不拘形跡的愛，在她的小說《一顆紅豆》中有這麼一個片段：

> 初蕾笑了，把臉往父親肩窩裏埋進去，笑著揉了揉。再抬起頭來，她那年輕的臉龐上綻放著光彩。
>
> 「爸」。她忽然收住笑，皺緊眉頭，正色說：「我發現我的心理有點問題。」
>
> 「怎麼了？」寒山嚇了一跳，望著初蕾那張年輕的，一本正經的臉。「為什麼？」
>
> 「爸，你看過張愛玲的小說嗎？」
>
> ……寒山忍耐的問：「張愛玲與你的心理有什麼關係？」
>
> 「她有一篇短篇小說，題目叫《心經》，你知道不知道？」
>
> 「……初蕾，你不是《心經》裏的女主角，如果我猜得不錯，那女主角愛上了她的父親！……你呢，你才不愛你的老爸哩，你的問題啊，是出在梁家兩兄弟身上……」

經由臺灣當今的女性書寫，可以看到，既往的親子模式——父母扮演撫慰與教育者，女兒只是敬受教誨感恩以懷的模式正在遭遇顛覆，女性開始重新審視和評估這一親緣，大膽抒發歷代中國女子在膠

著板滯父系社會中不敢或者不能表露的情感，她們敢於更加勇敢地記錄自己私密的女兒世界，反覆思索女兒和父母之間的多重辨證，將女兒對父母的同情、怨恨、憐憫、競爭、逃避種種難割難捨難分難解的糾葛，一一化為藝術創造題材，構成了一曲曲複調的生命協奏曲。

二、妻子

散文中的夫君——小說裏的男強女弱和女強男弱——
精神科醫生眼中臺灣丈夫的病症——重修家庭學的合夥人

誰能給我更溫暖的陽光，誰能給我更溫暖的夢鄉
誰能在最後終於還是原諒我，還安慰我那創痛的胸膛

誰能給我更孤獨的門窗，遮蓋著內外風雨的門窗
誰能在最後終於矛盾地擺擺手，還祝福我那未知的去向
——羅大佑《家》

　　家，對於女性意義何在？是庇護還是禁錮？是女性主義者所說的陽具經濟單位，還是傳統倫理反覆宣揚與描繪的人生幸福港灣？

　　作為人類兩性關係從野蠻走向文明的歷史成果，夫妻關係不僅是人類最正當的兩性關係，也是傳統社會中最常見或最常規的兩性關係。它對男女性別角色的塑造，有絕大的影響，作為母親和女兒，可能更多地體現出女性角色中的天性，而作為妻子，更多地體現出女人的社會性或後天性。

　　女人成為妻子，意味著她進入自己選擇的家庭，而女人拒絕成為妻子，即意味著她逃離婚姻。

臺灣女性的妻子角色在近二十年來有相當大的變動，這與臺灣兩性社會的演變，特別是家庭結構的快速遷密不可分。

臺灣家庭結構的快速變遷，主要表現在人口的高齡化，出生率的下降，離婚率上升以及外籍新娘（主要是大陸新娘）人數比率的大幅增加。

在高齡化與低出生率的雙重影響下，小家庭（由夫妻二人組成的家庭）日漸增多。

在中國傳統婚姻中，並不太顧及婚姻當事人雙方的幸福，在家族和家長看來，婚姻的主要的目的只是：一、讓男方家庭的血脈得到延續。二、讓男女雙方兩個家庭或家族聯姻，締結牢固的關係。在這樣的婚姻中，家庭的利益都是被擺在第一位的，而女子常常成為家庭利益的殉葬與犧牲。

在這種婚姻中，女人就只有認命，就像民間諺語中所謂「嫁雞隨雞，嫁狗隨狗，嫁個乞丐背麻袋。」

而現今的臺灣社會，小家庭的日漸增多，使女性的家庭角色有了某種改變，這種變化首先表現在，妻子的角色更為純粹，在小家庭中，女人不需要扮演媳婦甚至充當母親的角色，她需要扮演的是純粹妻子的角色。一位著名的作家曾說過，女子的天性是母性和女兒性，沒有妻性，妻性是後天逼出來的。以這句話觀照周遭的女性，屢試不爽。女人在與弱勢或落難之男人相處時，多見母性；而與強勢或社會地位優勢男性相處時，多的是女兒性。而妻性，所謂賢淑忍讓，三從四德之類，確是社會規範的外在要求，無法像母性與女兒性那般，天然流露，無需強求。

我們依然從文學作品的直觀描寫裏來觀察當今臺灣妻子角色。在閱讀古代中國文學時，我們發現一個有趣的現象，作者常常把文

類由雅到俗分成幾個等級，如詩高於詞，詞又高於曲，文人認為詞為詩之餘，曲為詞之餘。文人常把自己忠君報國的雄心壯志寫成詩，而一些豔遇綺思紅袖添香之類就放入詞或曲中。

在臺灣文學的閱讀中，我也發現類似的現象，女作家在散文中描寫自己另一半時多出於正面的美好筆墨，而在小說中都敢於撕破溫情脈脈的面紗，利用虛構的生活場景，大膽揭示夫妻之間的種種矛盾衝突。

在臺灣女作家的散文集中，我們幾乎都可以找到描寫自己另一半的作品，我們這裏可以開列出一串長長的名單：琦君、張秀亞、曉風、愛亞、古月、丘秀芷、蓉子、徐薏藍、袁瓊瓊、愛亞、方娥真……在這些作品中，夫君的形象大都是可愛的。他們雖然有一些小缺點，比如說，大而化之，不整潔，對家務事避而遠之……但女作家總能從他們的種種可惱中找到可愛，找出家庭的情趣，以幽默風趣或抒情浪漫的筆調寫出婚姻的幸福感。雖然，我們也知道，多年前寫下這些幸福篇章的女作家，有些已經和文章中的夫君分手了。當然，不能以這種分手的事實認定她們文章裏的幸福浪漫純屬幻夢，完全有可能在為文之時她們的感受就是如此，如同她們所描寫的那樣。不過，我們至少可以認定，散文是一種適宜於歌頌夫妻親情的文體，特別是這種文章必然在夫妻親友之間傳遞，它就更能承擔起這樣一種使命，成為鞏固婚姻生活的強力膠。

而在女作家小說中，我們卻可以發現對夫妻關係更為大膽無忌的表現。

一種常見的模式是男強女弱，一個大男子主義的丈夫在家中作威作福，而小女人的妻子則忍氣吞聲，百般謙讓，但最終還是無法換回破碎的婚姻，有的在百般凌辱之下忍無可忍，將丈夫斬成肉

塊；有的則利用男人生病和經濟勢時來宰製男人⋯⋯如李昂的《殺夫》，以及情節類似的袁瓊瓊《燒》、蕭颯《姿美的一日》等。在這類描寫中充滿了控訴和譴責聲討。

小說描寫另一種模式是女強男弱。

這類女強男弱可以從外在與內在兩個方面來觀察。外在方面是可以觀感受的，如下面小說中對男女聲音與形體的描寫：

> 妻子「是一個相當肥腴高大的女人」；丈夫「矮瘦的身材，加上蜷縮著定定的坐姿，在昏暗的光亮下，看起來朦朦朧朧地像木板床上另一堆雜物陰影」。
>
> ——李昂《生活實驗：愛情》

> 父親與弟弟都寡言沉默，整個家，只聽到母親高亢、嘹亮、中氣十足的聲音。
>
> ——廖輝英《逐浪青春》

> 李巧雲高挑的身段，足足還比他高出小半個頭⋯⋯項伯文只覺得自己難和她據理力爭，她說什麼，他只有唯唯諾諾的份。
>
> ——廖輝英《野生玫瑰》

> 他還真怕妻子那股蠻幹的勁，她雖然是個女流，可是那付眼神，那份聲量、那股氣勢，都把他壓得死死的。⋯⋯他再也想不透她當初為什麼要嫁他——難道就為了找個人不時在嘴裏糟蹋，也在床上糟蹋？
>
> ——平路《椿哥》

內在方面是能力，首先是工作能力。

如廖輝英名篇《今夜微雨》中的女主角杜洛佳，在丈夫看來「從容、冷靜、有力法。……她太能幹了，處處有她的意見，處處有她的辦法，處處領著他向東向西。」

平路小說《在巨星的年代裏》的赫醫師也這樣對人談及自己的太太——「她自信、果斷、有擔當。不瞞你說，她有我身上缺少的一切東西……」。在她另一篇《臺灣奇蹟》裏，男主角依然懦弱無能，他望著鬥志昂揚，「大小通吃，股票之外她做期貨」的妻，只能搖頭沉默。

還有抗壓能力。在許多女小說家筆下，在面臨困境時，女子往往比男人更加頑強堅韌，如：

「聽說肝癌很痛，她卻不喊，他簡直恨起她的堅忍……他不曉得她那兒來這麼些勇氣？……女人的耐力是比男人強。」（蘇偉貞《高處》）

平路甚至描寫偉大的革命家面對妻子，甘拜下風：「不得不在心裏承認，妻身上反倒有堅貞的品質、誠實、格守原則。為信仰悶著頭去做，每當先生說出其實有點心虛的什麼大政策，他很驚訝最信以為真的就是妻子。」《（行道天涯）》

夫妻之間男弱女強類似的還有李昂《迷園》中的朱祖彥，李黎《傾城》中的吳繼康和韓海平；袁瓊瓊《蘋果會微突》中的俞海祥等……

吳爾芙曾經指出，女作家所面對的最大阻力來自兩種觀念，一、「家庭天使」的理想。（所謂的「家庭天使」，就是一味犧牲自我，迎合家人，包攬家務，純潔而招人憐愛的女性形象。）二、「描寫自我身體經驗」的禁忌。這種理想和禁忌壓制了女性創作的

自由，而在臺灣女作家對夫妻角色的描寫中，不但已經不再無條件歌頌家庭天使，也突破了「描寫自我身體經驗」的禁忌。

女小說家不避諱甚至有意通過性能力的對比來突顯男弱女強：

李黎《傾城》描寫中年男人吳繼康在性事上發現自己的軟弱，他想，「也許是男人共有的軟弱，在這件事上是如此沒有信心而不堪一擊，只能無助地由女人來肯定」。

與之類似的有袁瓊瓊的《出牆花》：「她要的，他總給她，向來就是這樣。他已經完了，可是她還沒有。他感覺她兇悍地夾著他，逼他用勁，可是他已經完了，他心上一片無著落……」

平路《在巨星的年代裏》有更為大膽的嘲諷：「當我從妻的身體上爬起，我永不能夠忘記她那滿是輕蔑的眼色……『來啊！你上來；有種，就爬過來！』妻挑釁著」。

小說裏這種男弱女強的描寫，如此集中地在一個時期女作家筆下湧現，應該說有藝術創造之外的特殊的用意——將現實中男權的高壓和歧視翻轉過來，在虛構的世界獲取一種滿足，如蕭颯在遭遇婚變後，寫了長篇《如何擺脫丈夫的方法》就是刻畫出一個「女尊男卑」的家庭，百依百順，包攬了家務事的丈夫最終被妻子千方百計地給「休」了。洪凌在《永夜情歌》的後記裏直言，傳統愛情劇「最支持男主角蒼涼孤絕的活下去，女主角則義無反顧的淒美死去」，但她的小說要擊破這一「男性神話」，讓男主角「死翹翹，成全他的殉情記」。

但同時也不能不承認，小說中所描寫的男性的脆弱和虛誇也反映了臺灣家庭生活中的真實。

著名學者柴松林教授，在對臺灣兩性社會做了深入研究後，曾經很感慨地說，幾十年來，臺灣女人在經濟、教育、自我意識各方

面迅速成長，可是臺灣的男人卻基本原地踏步。這樣的兩性狀態當然會出問題。

　　作家王浩威的職業是精神科主治醫師，他根據西方男性研究和自己的社會觀察和臨床經驗寫了《臺灣查甫人》一書（查甫人是閩南語男人的稱呼）。在書中，他從心理、社會、特定的地域文化諸方面考察臺灣男人的成長方式，家庭溝通方式以及他們與妻子的角色互動，他以大量的事實，得出了這樣的結論：在臺灣，當一對男女初初結合時，男性經常都是女性的教育者，處於優勢的地位；但是在婚姻的旅程中，女性的成長遠勝過男性。原因之一是臺灣男性擔負的家庭經濟責任，使得他進入專業的同時，也進入了日益狹隘的人際關係網路。這種狹隘的人際網路，使他無法獲取是足夠的資源來應對婚姻後變化迅速夫妻角色。而臺灣女性在婚後因為接觸面較丈夫更為廣闊，獲取了更多的社會資源，也能夠在夫妻關係中開始扮演更為主動甚至強勢的角色。然而，當女性意識改變，而男性卻只是固執地堅持著已不存在的強勢，或者被動地沉默逃避，婚姻的危機也就發生了。

　　王浩威具體分析了臺灣丈夫中流行的各種病症，如「酷」的病症，也就是缺氣感情表達能力的僵硬。在身體和外形上，「他們像沒有感情的石頭或刺蝟，渾身散發出禁止進入的訊號。」在與妻子的溝通中，他們也因為無能去處理日常生活中的親密關係，索性就「酷」到底，拒絕也逃避進一步的情感接觸，整天扮「酷」或戴著「權威」的面具，一點一滴的壓抑自己的煩悶和不安，一旦累積到壓抑不住，就必然對妻子採取語言暴力或肢體暴力。

　　《臺灣查甫人》一書勾勒出臺灣男人從傳統社會到現代社會中轉變遲緩的丈夫身影，作者並沒有明確的結論，但認為作丈夫的男人應該儘早考慮釋權（deppower）才能免以被淘汰。在王浩威看

來，家庭的和諧穩定不應該建立在一方對另一方的統治之上。不論是男強女弱或是女弱男強，而應該雙方共同成長。重要的是社會應該建立起一種新的文化氛圍，在這種氛圍中，男人應該卸下被派定永遠扮演的「酷」和「權威」的形象盔甲。

這種尋求兩性平等和溝通的觀念也是一些女性所意識到的。在一些女作家的作品中也有表現，比如龍應台的小說《黃健壯的一天》，就塑造了一個現代的「母系社會」，其中所有的統治權（董事長、總經理）均由女子掌控，連風流韻事也由這些女人主動出擊，在這種荒誕的描寫中，看出作者對女強男弱的嘲諷，她並不認可這種「大女子、小男人」的模式是女人之福，是婦女解放的必由之路。

朱秀娟在《女強人》一書也塑造了一位相容現代與傳統，剛健與柔韌的女人形象：女主人翁林欣華，她一方面能夠以超常毅力學習，在競爭激烈的商場獨當一面，在愛情婚姻中自尊自愛、果斷理性；另一方面，林欣華也保持了女性的柔性，在家庭中講究孝道和親情，忍辱負重；在工作中善於與同事協調融合。而另一個男性角色葉濟榮，也顯得更加細膩溫情，善於和妻子溝通，結果他們雙雙都成了事業上和愛情上的贏家。

朱秀娟筆下的這兩個形象，多少有些自己家庭生活的投影，她自己既是小說家，也是一個有為的女企業家，與夫君相互理解共同打拼，又各有一方天地。當然，《女強人》這部小說中巧合較多，使有些評論家認為它「浪漫有餘，深刻不足」。

如果說，朱秀娟描繪的新型家庭還有較多的理想化色彩，而簡媜的《紅嬰仔》則更加細節豐滿地勾畫出她的和諧家庭。

簡媜一度持有獨身的理想。直到一天，「一位甫結束十七年異國生涯，正在思索概率問題的數學家」，出現在她面前，「走著

走著，覺得兩人的步伐越來越像夫妻」，不久，便向世界大聲宣佈「我們結婚了」據說，這一消息使簡媜的女友那些堅持單身生活的女性，震驚乃至傷心。

婚前的簡媜認為，賢妻良母在現代女性的版圖上是落伍行業，因而努力把自己從情愛與婚姻的糾纏關係中解放出來。然而一旦遇上天作之合，組合起新家庭，成為孩子的母親之後，她對婚姻有了新的理解，自信是人使婚姻制度變得可行甚至帶來豐滿成果而非婚姻制度能把人改造，捏塑使之發出光環。

「從年輕走到白頭的恩愛眷屬，靠的是相互寶貴，同等付出的珍惜之心而非制度的保證。」

簡媜懷著巨大的愛的能量來到丈夫的身邊，臨產時極度痛楚地陷入半昏狀態時，簡媜握著丈夫的手，以交代遺言的口吻說：「萬一出了什麼事，你要記得，我愛你。」

簡媜同樣也有足夠的理性來對待她的婚姻。她認為，婚姻不應以女性為「犧牲」，男女雙方都必須重修「家庭學」，而且男性由於過去曠課太多，更應加倍努力。

她列出的家庭學包括：自我實現（生涯規劃）、夫妻共同成長、親子關係（上及父母下至兒女）、經濟實力及人際網路五大項。她喜歡用籌組「家庭股份有限公司」的合夥人來代替婚姻夫妻這個舊名詞。

她認為，女性合夥人並不要求男性必須身懷十八般武藝，家務熟練如菲傭。女性在意的是男性有無真誠和責任，為共同的家庭公司付出。男女合夥人都要同心協力貢獻所長，開拓業績，創造利潤。

簡媜的先生是「少見的，願意學習『家庭公司』業務的人」。他細心地陪伴著懷孕的妻子，他認真地做著每一項瑣細的育兒雜

事，洗奶瓶，餵孩子吃飯，抱孩子散步，半夜起來換尿布，泡奶，還有，聽妻子的怨言。在育嬰期，「兩人開了會，討論如何讓一個有胃病的女人去尋找快樂。每個禮拜天下午。我可以放假，背著包包，跤一雙懶人鞋，隨自己高興到處亂晃」。簡媜說：「他對我的態度與疼惜協助我儘快脫離低潮，重新整頓生活。」

　　扮演好一個妻子的角色，對於女人，並非易事，舊時代有舊時代的委屈，新時代有新時代的艱險。然而，臺灣女人正以新的理念和姿態去爭取她們的家庭幸福。她們既廣泛汲取了各種新知，以平等和韌性去與男性溝通，也從母親一輩承傳了可貴的品格，那就是「在湯裏放鹽，在愛裏放責任。」

> 我要到你的餐桌吃飯
> 我要到你的枕上睡眠
> 彼時藤蔓開出花朵
> 爐火為我們驅寒
>
> 任你到我懷中生病
> 任你在我髮上玩賞
> 彼時雨水洗盡憂傷
> 陽光為我們打掃被窩

　　臺灣詩人曾淑美的婉轉深情的詩句表現出女性對於甜美溫馨夫妻生活的嚮往。

　　願天下有情人皆為眷屬，願普天下眷屬皆為有情人。

三、地母

涸萎了的慈母花環──重塑母親──
臺灣人母的擔憂和焦慮──母性情懷──大愛

女人縱有千般不是，女人的精神裏卻有一點「地母」的根芽。
男子偏於某一方面的發展，而女人是最普遍的，基本的，代
表四季循環，土地，生老病死，飲食繁殖，女人把人類飛越
太空的靈智拴在踏實的根樁上。
超人是男性的，神卻帶有女性的成分。超人是進取的，是一
種生存的目標。神是廣大的同情，慈悲，瞭解，安息。

──張愛玲

　　經過了為人女時叛逆與飛揚，為人妻時的包容和更新，許多女性
當了母親。賢妻不好做，良母呢？也不好當，尤其在現代，在臺灣。
　　1945 年臺灣光復到 1949 年，大量軍公教人員及其眷屬遷台，
造成了臺灣人口的快速增長，新生兒的比例當然也高出往年，形成
新生兒潮。然而進入 80 年代，臺灣新生兒人數逐步下降。1981 年是
41.4 萬人，到 2000 年雖然是龍年，新生兒的數字已經下降到 26 萬
人，2002 年降至 24.7 萬人，2003 年僅有 21 萬人。臺灣已有 1/3 婦產
科醫生因此歇業或轉行。

　　2003年臺灣婦女的平均生育率已降至1.2人，甚至低於日本和韓國。其中的重要原因就是女性固定教育時間的延長以及為了爭取自身職場的優異表現、晚婚，很快就進入了懼怕生產的高危產婦圈，許多女性因此拒絕生育。

　　女性主義對母親形象的質疑也給拒絕當母親的女人提供了心理上的支援。

　　在中國傳統文化中，女人雖有「禍水「「尤物「之稱，但對於母親，從來都是仰慕和尊崇的。「老母親「在舊式大家庭裏有至高的位置，如《紅樓夢》中的賈母，尊為一族之長，老祖宗；又如戲曲裏常見的「老夫人「。對母親的尊崇在漢語辭彙和比喻裏也俯拾即是，故鄉是「搖籃」，故國是「母親」，長江黃河是「乳汁」……

　　當然，被尊崇的母親形象必須具有犧牲、忍讓、慈愛、貞節、背負苦難而無怨無悔的內涵。就像臺灣女詩人陳秀喜在她的詩中塑造的那樣，母親是「任狂風摧殘／也無視自己的萎弱／緊抓住細枝／成為翠簾遮住炎陽／成為屋頂抵擋風雨／倘若，生命是一棵樹／不是為著伸向天庭／只為了脆弱的嫩葉快快成長。」

　　女性本來更樂意也同時更善於做母親，如果我們讓她在母親和妻子二者中選擇一個角色，大多數應該更願意成為母親。這種心理一半來自女人的天性，一半是她們在自己的母親身上學來的，大部份的中國母親都是慈母，然而。在多元化的現代臺灣，慈母形象已不再成為唯一的母親形象，對於母親角色，同樣也是眾聲喧嘩。王德威教授在《做母親，也要做女人》中寫道「『神話化的母愛』，『天職』化的母愛，不代表社會敘述功能的演進，反可能顯示父權意識系統中，我們對母親角色及行為的想像，物化遲滯的一面。」他從中國新文學中各色母親形象（苦難母親，勇氣母親和邪惡母

親）中，歸納出母親形象的多樣性和變調，探討「母」性與「女」性二者間微妙的張力。

母親，曾是一個多麼光彩奪目的現象啊！她神聖莊嚴，崇高偉大，善良包容。她是愛的化身，千百年來，人們講述了一個又一個關於母愛的神話，人們編織了一個又一個獻給母親的花環。但是今天，女性主義者卻打破了這個神話，拆散了這個花環。

在臺灣流傳甚廣的張愛玲早就在她的文章中說，母愛被寫濫了。她認為一般提倡母愛的都是做兒子的男人。「而女人，如果也標榜母愛的話，那是她明白她本身是不足重的，男人只尊敬她這一點，所以不得不加以誇張，渾身是母親了」。

在被臺灣女性視為寶典的張愛玲幾部小說中，母親都是令女兒失望的人物，《傾城之戀》中的老太太對流蘇，《半生緣》中的顧太太對曼楨，《金鎖記》中的七巧對長安，都是把金錢算計擺在女兒幸福之上的。在張愛玲的小說中，幾乎讀不到浪漫的無私的母愛，如冰心所謳歌的那般，在她尖銳的冷靜剖析下，那種母女同體的愛如同囈語。

在現代社會，母愛的無條件付出確實面臨著更多的難題。當了母親的臺灣新女性，最大的心理衝突就在個人事業與母愛責任之間，或者說良母與自立女子兩種角色的衝突。

50年代的孟瑤曾經說做「母親」使女人屈了膝，認為母職對女人的事業有極大傷害。

60年代中期，張曉風步下紅毯之後，當了兩個孩子的母親，她深愛自己儒雅謙和的丈夫，也與一對健康可愛的兒女心心相印，但她也為繁瑣的家事消耗了她的青春，她的生命而矛盾不安，《也是水湄》一文，真切地描寫了她被拘束在一個小家庭之中的煩亂心情：

這種悶氣，我不知道找誰去發作。丈夫和孩子都睡了，好像大家都認了命，只有我醒著，我不認，我還是不同意。春天不該收場的。可是我又為我的既不能同意又不能不同意而懊喪。

也許所有的女人全是這樣的，像故事裏的七仙女或者螺螄精，守住一個男人，生兒育兒，執一柄掃把日復一日地掃那四十二坪地（算來一年竟可以掃五甲地），像吳剛或薛西佛那樣擦抹永世擦不完的灰塵，煮那象「宗教」也像「道統」不得絕祠的三餐。可是，所有的女人仍然有一件羽衣，鎖在箱底。她並不要羽化而去，她只要在啟箱檢點之際，相信自己曾在有羽的，那就夠了。

張曉風以羽衣的神話化解自己的煩悶，而阮秀莉則用另一種方式：「放聲嚎啕，在浴室裏，在室內之內，壁中之壁」，可是，「毛巾圍堵川流淚水時，又要轉動心念：廁所的毛刷斷了，不要忘了買一把，即刻置下悲哀步出室外，頃刻又發念：奶瓶落在水槽裏，順路伸手洗了一洗，行走客廳，再念及：溫水瓶要清一清，重新裝點開水……」《既被視為女兒》。

隨著時代的推移，不甘的女性開始以另樣的聲音呼喊，讓我們重塑母親形象。

80年代，女詩人，臺灣婦女運動的組織者李元貞教授在《母與女》這首詩中，以一個母親的口吻對女兒說：「你是我的子宮／欲求一個男人／結下豐實的果／／你漸變成小女人／雙股如球／胸已蓓蕾／／子宮尚在沉睡／未有一個男人／充實子宮／／然而子宮之外／結實之外／還有自由的女靈」。

詩中並不把生兒育女與傳宗接代光宗耀祖貢獻家國相聯繫，而突出了女性自身的情欲要求，同時也提醒同為女性的女兒注意，在性欲與哺育之外，也絕不要放棄「女靈」的自由。

廖輝英在《母親是夏娃》一文中提出，對慈暉普照，鞠躬盡瘁，一味犧牲奉獻的母親形象的歌頌，動機可疑，是一種相當沙文的男性觀點。

右手從事婦運，左手經營女書店的蘇芊玲，將自己在妻母角色上的經驗與思考，化為一篇篇文字，集結成冊，取名《不再模範的母親》，意在質疑種種強加在女人身上的母性神話；也力圖為女人打開一條出路。全書有：《成為母親》、《妻母神話知多少》、《教育女兒，教育自己》、《她的身體，誰的版圖》、《直視婚姻》、《他們叫自己「男人」》及《書寫女人》等七輯，希望生活在不同角落的女人，透過自我意識覺醒，去做或準備做個「不一樣的媽媽」。

同為臺灣女性主義運動中堅的何春蕤，是一位有個性有鋒芒的女性學研究專家，主持臺灣中央大學性別研究室。她也是一位從感覺深處都滿溢著母愛的女性。她在一篇文章中這樣描述自己給女兒婷婷哺乳的感覺：

> 我並不確定這是不是和什麼偉大的母愛相關，我只知道我喜歡和她貼近，特別是赤裸的貼近。
>
> 赤裸的貼近本來就是很舒服的事，我和婷婷的爸爸也曾赤裸的貼近，但是，他的身體就沒有婷婷的舒適。
>
> ……

不！他並不兇暴，也不一定莽撞，甚至嘗試耐心的等我，討好我。

但是，我就是恐懼那種山崩在我身上的感覺。他赤裸的身軀呼吸著侵略和佔有，使我的每個毛孔都緊縮著凍結起來。

婷婷就不同。

她小小的身軀是柔軟溫熱的，我第一次抱她入懷時就知道我的身軀還沒完全死亡。

大概沒有人像我這樣，餵奶時絕對不許有旁人在附近，因為，我喜歡完全赤裸的婷婷依偎，那種寧靜的貼近使我心跳加快。

懷孕七個月時，我站在惠陽超市的收銀隊伍中，隔壁行列中有個爸爸抱了個熟睡的嬰孩，他熱切但細膩地凝視著那嬰兒，目光令我心悸，然後他低下頭深深的吻住那嬰兒的唇。我可以看穿他的臉頰，看見他的舌頭輕輕的舔那小小的嘴。那一幕振動了我肚皮下方，直到婷婷出世。

我們共聚的第一夜，我徹夜未眠，被單下是我們赤裸的身軀。我吻遍也吮遍了婷婷的全身。她是那麼柔弱，那麼軟嫩，那麼熟睡。

我渾身火燙的搓揉著被褥，熱力由我的唇串燒到我的股間，我從來沒那麼濕過，也沒那樣為激情哭過。

　　她說，對於女兒，她不僅是個細心的母親，而且，「更是個細心的愛人」。

　　她說，在給女兒哺乳時，比任何A片都更能令她「慾波蕩漾」。

在現今臺灣，女性的處境雖然已有改善，但一個女性要兼顧造就自我與當好母親，依然艱難不易，在母親與事業之間的角色衝突時時發生。

這困難首先來自巨額的開銷，據統計，臺灣50%家庭每月的育兒費在2-4萬台幣，31%家庭在4-6萬之間。一個小孩從出生到18歲讀大學，大約花費1,500萬台幣。

這困難也來自極度繁忙的操勞，簡媜回憶在照顧嬰兒時，「等於過去工作（作者曾經從事都市裡高度緊張的廣告業）的三倍。」「有幾次，我被他折騰至爆發邊緣，再跨一小步，恐怕即會失去理智變成虐待嬰兒的惡徒」。

這困難還來自臺灣社會環境的日漸惡化

大多數母親，在自己的孩子問世之後，都會向他們傾訴，傾訴母親的寄託，母親的理想，還有母親特有的牽掛和擔憂……作為寫作人的母親，常常會把這些傾訴化為文學，寫成給孩子的信箋。下面，我們選取兩篇，從中觀察臺灣日漸惡化社會環境對母親的心情的影響。

第一篇寫於70年代，是張曉風的《我交給你們一個孩子》，只能節選幾段：

> 他歡然地走出長巷，很聽話的既不跑也不跳，一副循規蹈矩的模樣。我一人怔怔地望著油加利樹下細細的朝陽而落淚。想大聲地告訴全城市，今天早晨，我交給你們一個小男孩，他還不知恐懼為何物，我卻是知道的，我開始恐懼自己有沒有交錯？

我把他交給馬路，我要他遵守規矩沿著人行道而行，但是。匆匆的路人啊，你們能夠小心一點嗎？不要撞到我的孩子，我把我至愛的交給了縱橫的道路，容許我看見他平平安安地回來！

我不曾搬遷戶口，我們不要越區就讀，我們讓孩子讀本區內的國民小學而不是某些私立明星小學，我努力去信任的自己的教育當局，而且，是以自己的兒女為賭注來信任的──但是，學校啊！當我把我的孩子交給你，你保證給他怎樣的教育？今天清晨，我交給你一個歡欣誠實又穎悟的小男孩，多年以後，你將還我一個怎樣的青年？

他開始識字，開始讀書，當然，他也是讀報紙、聽音樂或看電視、電影，古往今來的撰述者啊！各種方式的知識傳遞者啊！我的孩子會因你們得到什麼呢？你們將飲之以瓊漿，灌之以醍醐，還是哺之以糟粕？他會因而變得正直忠信，還是學會奸猾詭詐？當我把我的孩子交出來，當他向這世界求知若渴，世界啊，你給他的會是什麼呢？

世界啊，今天早晨，我，一個母親，向你交出她可愛的小男孩，而你們將還我一個怎樣的呢？

第二篇寫於90年代，出自簡媜之手：

兒子，請你相信，爸爸媽媽願意給你全部的愛，願意為打造較好的成長環境付出心力。可是，隨著成長，你讓我們發現自己的貧乏──不止無法給你我們童年時嘗過的快樂，更無力修改家門以外的大環境。我們像大部分父母，覺得自己平

庸、無能，想做點什麼，卻又束手無策。我們能做的，可能僅是坐在電視前面同情別人，以及有一天，換別人同情我們。

這社會病得不輕。那些曾經讓我們的額頭發亮、血液沸騰的所謂理想、所謂正義、所謂真理，不知何時宛如流雲消逝。這城市剩下活生生的肉搏戰，大部分人毫不掩飾地暴露他們的欲望，狀甚得意，彷彿觀者需為那欲望之龐然、詭奇而頂禮膜拜。人與人之間失去最基礎的善意與關懷，……

忽然之間，我們變成少數，只能在幾個懷抱同樣價值觀的親友間相互取暖。外面的世界太浮、太俗、太燥，玩弄政治權術的奸佞之輩與貪贓枉法的無恥之徒佔據媒體，成天在眾人面前炫耀其嘴臉。無奈是，他們往往站在社會上較優勢位置，盡情地以權力和財富更換面目，如化妝舞會般，笑咪咪地變成一個好人，一個可供年輕人模仿、崇拜、追隨的導師。

兒子，即使我們給了你全部，那又如何？日日發生在這社會的不公義、不講理之事刺傷做父母的心。我們的要求苛刻嗎？要求窮一輩子之心力購置的房子不會屋垮人亡，要求悉心呵護的孩子到離家十公尺的小空地騎車不至於被強暴、綁架。這樣的要求苛刻嗎？

兒子，我們還看不到這個社會將往良善美好之路前進的跡象，反而時時感受物欲橫流迎面撲來的力道。我們看不到披星戴月的苦行僧，但見政客財閥長袖善舞，聯手蠶食美麗鄉土。因而，你日漸成長帶來的快樂，無法消抵壓在我胸口的沉重。你愈是燦笑如日，我們的心情愈在雲裏霧間。

時常，當我看你在客廳調皮搗蛋或在院子噴灑水管取樂時，現實的我不免像嘮叨媽媽叫你不要碰這，不可玩那，

卻有另一個我超然而視，暗自喟嘆：「由他吧！快樂是這麼短暫，誰曉得未來呢？他會不會在下個月因腸病毒而猝死？會不會在五歲時遭綁架撕票？會不會於十歲時被卡車輾過？會不會在國三時被對幫派小混混持刀砍死？會不會在當兵時無緣無故身亡，而軍方給的答案是吃不了苦遂上吊自殺？……」

兒子，我希望有人告訴我這是杞人憂天，我祈求有人向我保證已發生的事不會再度降臨。然而，我心知肚明，社會總是欠每個母親一份承諾。

所以，如果有一天，你不把媽媽的鄉愁當作鄉愁，我不怪你；若你決意離開這塊土地，我不會阻止你。成長之路，不能光靠父母的祝福。若我們的社會惡化到藥石罔效的地步，我們有何顏面繫住你的腳踝，企求你永遠把我們當作故鄉？

我們想努力，卻無從做起。草尖上的風，如何扭轉狂風暴雨？

如果曉風的叮嚀還只是淡淡的擔憂，而在20年後簡媜的傾訴中，已是濃濃的焦慮了。

簡媜的擔心並非杞人憂天，在這篇文章發表前不久，臺灣就發生了白曉燕綁票案，藝人白冰冰痛失愛女；在更早之前，女作家李黎十來歲的兒子被突發的怪病奪去了生命。

在臺灣的報紙上，我們常常看到母親對兒女的虐待和遺棄。據不完全的統計資料顯示，每三天在臺灣就有一個棄兒，被拋在河邊的垃圾堆，在荒野草叢裏……

一個中學女生在廁所生下一個女嬰，撿起來就把她丟入垃圾桶；另一次同樣是一個中學生生下一個男嬰，她把小生命用塑膠袋包好，丟進垃圾車。還有，一個母親把十個月大的小男嬰打成腦出血，一些母親把未成年的女兒推向賣笑的火坑……。

　　神話中賦予人於生命的女神，同樣可以扼奪生命；大地之母給人溫暖，同時也可以降臨災禍。臺灣的現實反映在女作家的作品中，依然有慈母，但也出現了許多視女兒如同「油麻菜籽」的母親，甚至破壞力極強的險惡的母親。

　　蘇偉貞在小說《背影》裏，借女兒之口，說：「你生下我最終的目的卻是毀滅我。」

　　這樣的人還能稱為「母親」嗎？臺灣社會的母親角色確實已經在分化，在為人母大不易的社會環境中，「惡母」更加無恥，而「慈母」也愈加堅強。

　　談到堅強母親的形象，我們不能避開簡媜，她1961年生於臺灣宜蘭的小山村，畢業於臺灣大學中文系，現為自由作家。她的散文風行海峽兩岸。她也是「臺灣文學經典」最年輕的入選者。

　　在簡媜的作品中，女性心跡歷歷可見，作者家庭的女性成員總是在人數和力量上不讓鬚眉，祖父和父親早逝，祖母、母親和作為老大（老大而不僅是長女）的作者共同支撐起風雨飄搖的家庭，辛勞並不能摧毀她們的冰雪人格，患難反倒造就了軒昂器宇，母系的藝術氣韻和豪邁胸襟因而綿綿不絕。

　　初春，海邊的一條小路上，母親為海濤聲所吸引，癡情地朝遠方走去，淡藍天空下，她那穿著短大衣的背影讓稚齡的女兒印象深刻，多年後，她漸漸理解，自己的創作本能正是來自母親，「她被大洋與平原孕育，然後孕育我。」

　　夏日，祖母依著車站的剪票口，靜靜地送別北上的孫女，她的獨生子不久前才撒手而去，然而，在一切生離死別面前，她總是維持一種觸目驚心的鎮定。

　　作者從這樣的姿態中體會了母系的偉力，她寫下這樣的句子：「我是她胸襟上的絲繡帕，鬢上的紅彩花，在歲月碾過的茅茨土屋裏忽然照見的一隻乳燕。北上的車都要開了，她仍是一身布衣裙衩偎在剪票口的木檻……車緩緩開動，我從玻璃窗裏看她，還是靜靜的姿勢，好像一個閑著的人在欣賞火車駛過的風景。。離別是這麼容易的事，也不揮手，不追喊，不叮嚀，只是閑閑的看，月臺空了的時候就走。好像只有這套哲學才能縫補人生的裂衫，才能擋風遮雨。這種鎮定常常更令我觸目驚心，尤其在一個六十老嫗身上。」

　　「一半壯士一半地母，我是這麼看世間女兒的。」中年以後，作者依然時常回憶祖母那寧靜堅韌的姿態，「那姿態絕非弱女子，我後來讀到荊軻刺秦的故事，頓覺阿嬤的氣概近似風蕭蕭兮易水寒。」

　　童時的自我、祖母、母親、妹妹，還有《水問》中的女大學生生活和愛情質疑，《只緣身在此山中》女法師的執著，特別是《女兒紅》和《紅嬰仔》兩本散文集，可以說是為自己的姐妹所寫。作者說「我走的路子仍是潛入內在去揪出瘀傷與痛楚，唯有自療，女性才能作自己的主人」。

　　《紅嬰仔》是簡媜初為人母生活的真實記錄，從成婚、懷孕、生產一直到育嬰，特別詳盡地描繪了自己初為人母的忐忑心路，和撫育新生命時的興奮、惶恐和期待。

　　當了母親的簡媜依然在文章中持有她一貫的強勁大膽，她說：「《紅嬰仔》是寫的最烽火硝煙的，一面襁抱幼嬰一面探問『孕

育』在女性生命裏到底占了多重？」一個陷身職場或正攻讀學位的女性可否同時扮演家庭治理者與孩子教養者的角色？

經過思考與專職的育嬰生活，她深知「成為父母，即是劈下自己的半副身軀，半壁靈魂，獻給未來。……生命是生生不息的，身為一個母親，我期許自己能謙虛地思索這條律則，從中萃取智慧與勇氣以抵禦現實潑灑而來的驚怖與磨難。」

當然，女性的母性情懷並不表現在生兒育女，為子女的嘔心瀝血之中，女性總是把她的母性情懷放大。

簡媜在《女兒紅》這本散文集裏，就以一種母性情懷描寫了許多飄零無助的女子形象，在她看來，她們「是無父無母，無兄無弟的孤獨者，要一片天，得靠自己去掙」。簡娟潛入這些女子的內心之中，細細體會她們隱晦幽深的內心，承接她們的羞辱與痛楚，「渴望以母性的溫柔去解凍，將她們贖回……」

簡媜還有一篇著名的獲獎散文，題目叫《母者》，那裏的母者，是眾多母親與女兒的形象化身。這些高貴的無名女性，雖然各有各的艱難航程，且不見外援，只能自我領航，卻以她們的無言和執著，印證了血與性禮，印證了愛與責任，印證了女性堅韌和真情……生離死別的沉重，萬難情境的救贖，突破困境的掙扎，時時有「天問」般震天撼地的追索與叩問，豐沛的情感得到氣勢軒昂的伸展，這出自鄉土的現代女性宣言，果然是地母情懷和壯士本色！

這裏的女性形象並非一個特定的母親，而是偉大母愛的精神象徵，「那枯瘦的身影有一股攝人的堅毅力量，超出血肉凡軀所能負荷的」，「彷彿吸納恆星之陽剛與星月之柔芒，萃取狂風暴雨並且偷竊了閃電驚雷，逐年在體內累積能量，終於萌發一片沃野」。這是一種大愛。

　　說到大愛，我們指的就是一種宗教情懷。在臺灣，信教非常普遍，女性的信眾尤其眾多，在那裏，就有著可歌可泣的大愛。

　　臺灣二千三百多萬人中有四分之一是佛教徒，以女性居多；臺灣有五千家寺院，出家僧尼在五萬以上，其僧尼的比例為一比四，而在著名的佛光山教團，共有出家法師1,300人，其中，女僧（比丘尼）高達千餘人，在佛光山宗教事物委員會中，女僧佔有4/5的席位，其中獲得博士學位者至少是七位，獲碩士學位者百餘人。無論是籌畫和資助慈善事業，發展佛教組織佛教文化教育推進佛教事業，她們都是出力多貢獻大。而更為讓人感動的是證嚴法師，她與她發起和主持的慈濟功德會，堪稱臺灣的良心存底，臺灣的大慈大悲。

　　險峻的臺灣太魯閣風景區出口附近，台東縱谷平原的頂端，處處平疇綠野，其中，可以見到一排的房屋，白牆灰瓦，靜穆清雅。在臺灣，只要問起它，人們都會帶著崇敬和驕傲的口吻，像是訴說一則當世傳奇，又像捧出自家珍奇似的告訴你，它就是聞名遐邇的佛教道場──慈濟功德會的「靜思精舍」。

　　乍一看去，它並不起眼，比起許多矗立雲端，金碧輝煌，人群熙攘，香煙繚繞的廟宇，顯得有些冷落，但你踏入其中，就會發現那裏整潔有序，有一種精進不息的力量流蕩其中。

　　「慈濟功德會」是臺灣最大的佛教團體，也是最大的民間慈善機構。它在世界五大洲都設有分會和聯絡處。至2003年12月底為止，慈濟已有委員一萬六千多人，慈誠隊員六千多人，會員80萬人。它已經幫助了困難家庭27073戶，每逢水、火、風、震以及空難、車禍等意外變故時，慈濟人總能緊急動員，投入大量人力物力，前往災區救助，奮鬥不息直到災民安頓，家園重建。

三十多年，慈濟人不但在臺灣和祖國大陸留下深深足跡，而且遍佈全球，南非、外蒙古、阿富汗、朝鮮、車臣、科索沃、土耳其、象牙海岸以及東南亞和中南美各國，救援項目包括展品、衣物、房屋修建、義診以及敬老院、兒童福利院、中小學校的援建。付出的資金在台幣二十億元以上。單是 1989 年，救濟一項就支出二億四千萬元，而當年臺北市政府支出的救濟款總數是三千多萬元。

　　除了慈善事業外，慈濟還有醫療，教育和文化事業方面的貢獻。在醫療方面，創立了現代化的花蓮慈濟醫院、大林慈濟醫院和新店慈濟醫院，成立了「兒童發展複健中心」「骨髓移植病房」「骨髓捐贈中心」，建構起慈濟醫療網，並時常組織醫療團隊往世界各國義診。在教育方面，創立了慈濟技術學院和慈濟大學（包括醫學院，人文社會學院，護士專科以及附設的幼稚園及中小學校）；並且成立了慈濟大專青年聯誼會和慈濟教師聯誼會，通過這些組織和舉辦各種營隊，讓學生得到愛心薰陶和修行精進；在文化事業上，創辦了《慈濟道侶》（半月刊）《慈濟月刊》（發行量都在十萬以上）和《經典》等刊物，並在海外各地發行它們的英文版和日文版。同時還創辦了「慈濟文化出版社」、「靜思文化公司」、「慈濟世界」廣播節目和慈濟大愛電視臺……

　　這麼複雜且有效的運作，這麼巨大又不凡的貢獻，這麼長遠而精密的規劃，都是由慈濟的上人一手促成。上人就是我們下面要說的證嚴法師。

　　一個普通人家的女孩，俗名錦雲，盧溝橋事變那一年，生在臺灣中部，離海邊不遠一個叫清水的小鎮。幼年過繼給叔父，隨養父移居台中豐原。自有記憶起，她就經常背著弟妹去防空洞，躲避飛機轟炸。她時常奔走在傷亡的人群中，目睹了房屋的焚毀，肉身的

無常，頓悟了人間的苦難。八歲那年，她和母親各自跑入了不同的防空洞，轟炸後相逢時，她抱緊母親大哭道，「媽，我以為今生今世再見不到你了。」

錦雲家旁邊就有一座寺廟，自幼時她就見到虔誠祈禱的盛大場面，印象深刻。15歲那年，母親開始吐血，醫生說是胃穿孔要開刀，在那個年代這是極其危險的手術，錦雲為母親祈禱，不久母親的胃病竟然不治而愈，從此，錦雲開始吃素還願。19歲時，父親因腦中風去世，無常的人生讓她更加一心向佛。23歲那年，她到寺院裏去，向法師討教，她問，「天底下哪一種女人最幸福？」法師毫不猶豫地說：「有菜籃可提的女人最幸福。」錦雲想不通，「我天天提菜籃，卻不覺得幸福，經常都很煩悶。」法師不回答，讓她自己好好去想。

錦雲想了又想，忽然悟到，這個菜籃，並不是自己手中的菜籃，而是一隻無形的供養眾生的大菜籃。提得起一家菜籃，不過是一個善於持家的主婦；提得起「眾生」這個「菜籃」，才能超越對家人的供養，供養眾生。有了超越一家一族的大愛，女人便能走出家門，與男人一樣去治國平天下，造福蒼生。這樣的女人便是最幸福的女人。

悟道的錦雲決心出家。第一次，被傷心欲絕的母親帶回。第二次，她走得更遠，在一位尼僧相伴下，在台東鹿野一座荒涼的小廟中苦修，這一年她25歲。

不久她被佛學大師印順長老收為弟子，法名「證嚴」。自此，她不但苦修讀佛經，並在寺院中為信眾講經；招收徒弟。

走入寺院，並非為了逃避人間獨善其身，而是為了塑造一個更美好的人間，因此，她對於佛學便產生了更開闊的理念，有了更為堅強執著的修行。

她到寺廟後的竹林中，親手鋸下30個竹筒，發給30個愛戴她的信眾——她們都是淳樸的家庭婦女。她要求她們每天上市場買菜前，先省下五毛綫，投入竹筒裏，這樣每人每月可以積攢15元。

我們每個月交15元不是更簡單嗎？為什麼要每天在竹筒裏投那五毛錢？信眾困惑地問她。

哦，那不一樣。她耐心地解釋，一個月交一次，一個月才發一次善心；而一天存五毛錢，錢雖然微薄，可貴的卻是日日都存有救人愛人的心。

竹筒裏的錢，加上她們製作嬰兒鞋出售的收入，當年，她們就照顧了15名孤寡病殘戶。這樣，在一個28歲無名尼僧的引導下，一群手挽菜籃的小鎮主婦，寫下了中國當代最輝煌的佛教慈善事業的第一頁。

她發起成立了「慈濟功德會」。她說：「慈」就是給眾生快樂，讓社會祥和；「濟」就是拔苦，彌補人間缺陷，使人在物質精神上都能擺脫困窘體會富足。

她發揚了傳統的苦修精神，宣導一日不作一日不食。早年苦修時，她的身體就一直犯病，有時犯心絞痛痛得幾乎要暈過去。但她總是奮不顧身的工作，每天只睡四、五個小時，她每年都要去臺灣各地，看望災民病人和慈濟幹部和會員；每年要接待近百批世界各地前來靜思精舍參觀拜訪的各界人士以及作家、記者，同時還要籌畫慈濟的四大志業，深謀遠慮詳加規劃，甚至四方奔波。比如，在籌建慈濟醫院時，不但要選地，購地，還要募款，更重要的是證嚴法師認定必須為慈濟醫院聘求世界第一流的醫療幹部，多方努力，選定了臺灣最著名的醫院台大醫院前任院長杜詩綿來擔任慈濟醫院的院長。為此，證嚴法師三度親自登門

去說服杜院長，最後一次，終於感動了他，同意來到慈濟醫院共襄盛舉。

　　慈濟現在已經堪稱「富可敵國」了，但依然堅持誠正信實，專款專用的原則總還是把募得的款項專門用於賑災，而常住僧尼的生活均由自己雙手勞動所得來維持，他們自己剪裁衣服，自己種菜，做蠟燭，還做豆粉和爆米花出售。他們依然勤勉儉樸，證嚴法師自己就是模範，她每一張紙都要用四次，鉛筆寫一次，藍色鋼筆寫一次，紅色筆再寫一次，最後用來寫毛筆。一日不作，一日不食，是慈濟人共同的行為準則，從創會之初的作嬰兒鞋加工打毛衣到後來為慈濟醫院工地平整土地，以及今天的義診志工，自費前往災區發放救濟物品，慈濟人幾十年堅持不懈。

　　證嚴法師和慈濟僧尼的行為也延續到慈濟志工，當人們來到靜思精舍參觀時，會看到許多的志工，他們來自社會各階層，有大富豪、政要、教授、醫生、有白領也有貧民。都熱忱地從事勞作，有時他們會在法師的帶領下。為捐贈的物品分類打包，並在每一包裹貼上標籤；有時他們會去護理病人；有時他們自費前往世界各地災區發放物品……。

　　為了把有限的人力財力最大限度地投入普渡眾生的事業。證嚴法師勇敢地簡化了一些廟宇中常見的風習，如不趕經懺，不做法會，不托缽化緣，不燒紙錢，不抽籤……她把力量集中提高信眾的品質修養。有一次，德國電視臺記者前來採訪，向法師提問：「臺灣許多廟宇，都讓信眾燒香拜拜，慈濟為什麼不這樣做？」證嚴法師回答：「燒香拜拜的人，不一定是正信的佛款徒，真正的佛教，注重精神面，能夠啟發人人本具的佛性。」她認為，人人都可以成為菩薩，她說：「真正的菩薩，不是在寺院中供人膜拜的雕像，能

救人的人，才是真菩薩。」「要做菩薩就是投入人群中，體會眾生的生活形態，瞭解他們的需要，這是學做菩薩的起點。」

在證嚴法師的教誨下，慈濟大力提倡「濟貧」「教富」，在「濟貧」中「教富」。讓有錢但卻很空虛的人也能在慈善事業中淨化心靈豐富人生，在慈濟裏面參加義務工作，不叫「義工」而稱為「志工」。因為「義工」帶有自我炫耀的意味，彷彿施恩於人，而證嚴法師認為，助人時也要有感恩之心，「志工」就是有心之士，以感恩之心關懷別人。同時，慈濟把被救濟困難戶從「救助戶」改稱「感恩戶」，因為要「感謝這些貧戶成就我們菩薩道業。」

在籌建慈濟醫院時，預計需要建築費用8億新臺幣，但募款的數額歷經三年才只得了三千萬元。這時有一位日本人提出願意為建設醫院捐款兩億美元。這是一筆多大的數目啊，只要有其中的十分之一便可以建成這座現代化的醫院，其餘的投入銀行，利息就足夠每年的開支。但是證嚴法師沒有接受這筆捐贈。她不希望醫院由外國團體掌握，她更希望臺灣每個人都有機會為建設美好人間出力，積土成佛廟，聚沙為佛塔。在她那瘦削的肩頭上，有氣魄不凡的入世擔當和嶙峋風骨。

慈濟開始在臺北等地舉辦建院募款義賣會，全臺灣各地的慈濟委員都在奔走出力，許多社會人士捐出物品，甚至傳家寶及首飾。婦女們利用工作之余去作清潔工，洗碗工，把工資全部捐出，她們說，每揮動一次掃帚，就像是為醫院多了一片瓦；每洗一個碗，就像是為醫院賺進了一塊磚。一個工友帶來了三萬元，他說：我家經濟雖然不好，但佛教建醫院僅此一次，我想為兒子種下造福人群的善因。

願有多大，力就有多大，到這年年底，慈濟功德會為建醫院募得善款七億新臺幣。

　　證嚴法師認為，最靈應的菩薩是會走路、吃飯、工作的人，是會愛人助人的人，是你，是我，是他，學佛學到一定的階段，就會發現，原來佛性就在我們自心，就會發現我本身就是佛，就是「菩薩」。

　　慈濟的事業引起了極大的反響，不但在民間，也在社會高層，1980年，蔣經國來到靜思精舍拜訪證嚴法師，當瞭解到慈濟的事業與歷史，他連連稱讚，你們真了不起，為社會作了那麼多事，「我走遍大江南北，沒見過一個寺廟那麼小，做的慈善事業卻是那麼大的。」

　　慈濟的事業雖然足以傲人，但慈濟人依然謙恭精進。上人就是榜樣，上人經常會參加活動，也會時時用講演的方式把自己的心得與大家交流。讓我們節選一段文章，從一個聽者的眼中來看證嚴法師講演在聽者心中的感動：

　　　　她悄然地輕步緩移，身上一襲灰袍，在她舉目四望之際，臉上散發出神聖光彩，炯炯有神的雙眼，不僅閃爍著智慧與威儀，還有溫柔與悲憤。眾人雙手合十，深深一鞠躬，她也回禮，而後大家重新就座。她清了清喉嚨，移近麥克風，先說明自己因為感冒，無法太大聲說話。之後，就在沒有講稿的情況下，開始演說。

　　　　「這場演講是要感謝一群會眾，他們不久前才深入大陸各地去賑災，幫助水災難民。」她的聲音輕柔如耳語，語調平易如微風，不疾不徐，宛如輕扶撫的手，然而講詞卻充滿震撼人心的力量，深入淺出，舉例簡明易懂，聽眾深深為之感動。

她描述大陸上無家可歸者之苦難時，與會者不論男女，均感而涕泣。「……所有的生命都應該被尊重，所有的生物都應該被愛。體會到他人的痛苦，把快樂給予陌生人，就應該是容易的事。」她說著。

不但在臺灣，在大陸乃至世界，慈濟人總是讓人刮目相看，證嚴法師得了許多榮譽，有香港中文大學的榮譽博士，有「社會服務獎」，「宗教大同獎」，有「麥格塞塞社會領袖獎」，「行政院文化獎」，「國際和平獎」，「醫療奉獻獎」。證嚴法師的言行舉止也影響日益深遠。她著有佛學著作及講演集共二十餘種，其中的《靜思語》自1989年初版後發行量已經超過60萬冊，並有簡體字版，日文版，英文版以及著名漫畫家蔡志忠精心繪製的漫畫版。

靜思精舍，歷盡幾十年的風雨，依然是那樣的簡樸渾厚如同大地；證嚴法師，也依然一副瘦弱女子身材，然而和她所居的精舍一樣，無數的內力蘊含其中。一個女人，在繁華紅塵的世間，聚集了信眾，以凡夫血肉作菩薩事業，以精衛填海的方式建構起宏偉的濟世工程，這是何等的不凡。

1995年，證嚴法師榮獲「亞洲最傑出女性獎」。她以她母性的光輝為臺灣婦女樹立了榜樣。

我甚至不能想像一個女人從什麼時候開始擁有這股力量？彷彿吸納恆星之陽剛與星月之柔芒，萃取狂風暴雨並且偷竊了閃電驚雷，逐年在體內累積能量，終於萌發一片沃野。那渾圓青翠的山巒蘊藏豐沛的蜜奶，寬厚的河岸平原築著一座溫暖宮殿，等待孕育奇跡。她既然儲存了能量，更必須依循能量所來源的那套大秩序，成為其運轉的一支。她內在的沃野不隸屬於任何人也不被自己擁有，

她已是日升月沉的一部分，秋霜冬雪的一部分，也是潮汐的一部分。……

一旦有了愛，蝴蝶般的愛不斷在她心內扇翅，就算躲藏於荒草叢仰望星空，亦能感受熠熠繁星朝她拉引，邀她，一起完成瑰麗的星系；就算掩耳於海洋中，亦被大濤趕回沙岸，要她回去種植陸地故事，好讓海洋永遠有喧嘩的理由。

蝴蝶的本能是吮吸花蜜，女人的愛亦有一種本能：採集所有美好事物引誘自己進入想像，從自身記憶煮繭抽絲並且偷摘他人經驗之片段，想像繁殖成更豐饒的想像，織成一張華麗的密網。與其說情人的語彙支撐她進行想像，不如說是一種呼應——亙古運轉不息的大秩序暗示了她，現在，她憶起自己是日月星辰的一部分，山崩地裂的一部分，潮汐的一部分。想像帶領她到達幸福巔峰接近了絕美，遠超過現實世間所能實踐的。她隨著不可思議的溫柔而回飛，企望成為永恆的一部分；她撫觸自己的身體，彷彿看到整個宇宙已縮影在體內，她預先看見完美的秩序運作著內在沃野：河水高漲形成護河捍衛宮殿內的新主，無數異彩蝴蝶飛舞，裝飾了絢爛的天空，而甘美的蜜奶已準備自山巔奔流而下……她決定開動沃野，全然不顧另一股令人戰慄的聲音詢問：

「你願意走上世間充滿最多痛苦的那條路？」
「你願意自斷羽翼、套上腳鐐，終其一生成為奴隸？」
「你願意獨立承擔一切苦厄，做一個沒有資格絕望的人？」
「你願意捨身割肉，餵養一個可能遺棄你的人？」
「我願意！」

「我願意！」

「我願意成為一個母親！」她承諾。

　　簡媜的上面這些文字為我們勾畫出母性的大愛，驚天動地的形象畫面。這篇90年代在臺灣文壇引起廣泛關注的長篇散文，是臺灣女性在擊破「家庭天使」神話之後，在更高的出發點上重新審視與界定母親的世紀宣言。

四、情人

圓規的兩腳或者牙洞的複合──兩性交合的新形態──
情人禁忌的碎裂──對自己的身體做主──
柔弱無助和主動生猛──落差與困擾

　野貓的鳴叫無濟於事
　我的情緒浮躁卻因野貓的鳴叫

　當我和野貓都給自己機會
　在靜靜的時空凝視
　互相感應對方的呼吸
　我看野貓已不是野貓
　……
　貓的眼睛就是我的眼睛
　她黑夜裏輕巧的跫音
　不是因為想避免惹起容易浮躁的人嗎
　貓的腳步就是我的腳步

　原以為貓的哀鳴只是為了饑餓
　但我目睹她在寒冬遍佈魚屍的堤岸

不屑走過

然後拋給冷漠的曠野

一聲鳴叫

發現那是我隱藏已久的聲音

——利玉芳《貓》

　　情人這一概念應該包含三個要素：一、必須有感情的付出。二、有性關係（或至少有親密關係如擁抱接吻）。三、較為持久的關係。

　　「情人」這一角色，在西方，似乎並不等同於罪惡，尤其在近代，許多大藝術家，如歌德、畢卡索，都有「大情人」的美譽。但在中國，尤其對中國傳統社會的女性而言，這是一種「非常態」的角色，它常常與「放蕩」、「淫亂」相提並論，甚至可稱為「變態」。而在當今的臺灣，「情人」的角色對於許多女性已經不再是閒暇時的綺思或傳奇中的虛構，而是生活中必須面對的課題。

　　進入新世紀，在臺灣的兩性世界中，「情人」從傳統的「變態」幾乎要成為了都市男女之間司空見慣的常態，其主要的原因來自：一、社會婚姻形態的變化。二、「情人禁忌」的碎裂。

　　90年代以後的臺灣，「婚姻」二字有了相當的變化。從前，它意味著美滿和諧與歸宿，而今，它常常被人與「包袱」、「衝突」相聯繫。

　　雖然，年輕男女並不一定相信「婚姻是人生的墓園」，但大都覺得婚姻是一種束縛，也許來自經濟上的壓力，也許來自其他必須盡力的家庭義務。特別是處於激烈競爭中的都市男女，每次被人問及婚姻總是說：「再等幾年吧」。他（她）們總有一種幻想，認

為在邂逅不斷機會極多的社交圈中可以再度認識許多更有魅力的異性。對於各方面的催促，他（她）們也有無數「不結婚的理由」。比如「不想放棄自己的夢想」，「等待白馬王子（公主）」，「因為是一輩子的事，要有經濟實力」，「談不來會馬上離婚」，「如果魅力不夠，婚後不會想回家」……

「婚姻恐懼症」在臺灣如同幽靈般四處遊蕩，「十八年來在愛情大街閒逛，我不免有所感慨：有靈氣的愛情少了，刻骨銘心的婚姻寥若晨星，願意共負一軛努力建立現實或精神層次堡壘的情偶也不多見了。這情愛國度彷彿正經歷一場瘟疫，紅男綠女在黑街暗巷晃蕩……」，年輕的臺灣女作家感慨不已。

十七世紀英國玄學詩人約翰頓，把戀人之間的關係比作圍繞著一個定點的圓規的雙腳，大加讚頌。這一情愛妙喻流傳甚久，而今臺灣女子卻對其大唱反調，夏宇寫道：「人們認為那種圍繞著一個定點而存在的事實是好的，關於堅貞等等美德。而我不準備同意，如果我像一支圓規，只是因為我必須那樣，我只好那樣，那只是一種情況……它無關於美德。你知道，也許很久，也許不久，它也終將亡散和逸失，如果那關於愛情……原來就是這麼容易，也容許這麼容易，單純得像一種牙痛，拔掉它，也許就痊癒了。」拔牙是一個小小的手術，只要拔得乾淨俐落，並無後遺症；開始也許會有空洞的失落，但無傷大雅。

顧家、懷家、戀家是中國傳統倫理的重要支柱，中國文學藝術的一大主題。五四以後，出現了罕見的大逆反，在文學創作中，離家、逃家、咒家成為一種潮流。魯迅在小說裏寫一系列返鄉的幻滅，寫狂人對家族的詛咒，巴金在激流三部曲裏將離家出走作為新生的象徵，一直到延續到臺灣王文興大膽咒罵父親的《家變》……

男作家對家族制度尚有如此多的反叛；女作家對家庭的非議就更多，丁玲、謝冰瑩、張愛玲、蘇青、蕭紅一直到現今的臺灣女作家群，筆下都有對舊式家庭的不滿，非議甚至批判。

易卜生戲劇中離家出走的娜拉，三十年代一度成為女性的樣板，魯迅曾經斷言娜拉如果經濟上不能自立，只好回來。而今的臺灣，眾多的「娜拉」早已具有經濟上的自立權，她們當然在離家之後就不再回來，或者根本不打算去當離家之前的「娜拉」，不打算踏上婚姻的紅地毯。因為，她們認為婚姻是男性對女性的收編。

妻子就像從專制走向民主的國民，突然發現了自己從前所處的位置就等同於專制下的子民，而丈夫不過是獨裁暴君。溫情脈脈的面紗一旦破裂，夫妻之間的相處突然感受到了尷尬，尷尬之後是尋求解脫，不外乎戰鬥或者逃避，於是習慣動粗的更加暴躁而大打出手，但溫順忍讓的卻有不少選擇了迎戰，出走（離異）不歸。

不但處於「未婚」與「不婚」的女性日漸增多，勇敢衝入圍城又旋即突圍的女性人口也節節攀升。

據統計，臺灣地區的離婚率（離婚人數除於當時人口總數）在1976年時僅為0.9%，到2002年已上升到4.83%。同年的離婚對數與結婚對數的比值，1994年為1：5.36，到了2002年已達到1：2.82。也就是說每年有三對結婚，就會有一對離婚。

都市社會提供的性知識和營養條件使臺灣女人的性早熟，都市的壓力和風習讓臺灣女人日漸認同晚婚。早熟與婚齡的推遲，使更多未婚女子成為「情人」的後備軍，而不婚或離婚的獨居女子的增加更加壯大了「情人」的陣容。

後備軍的人數的擴容只是造就了情人隊伍壯大的潛在可能性，蔚為風潮當然還需要配合觀念上的改變，也就是說，要衝破「情

人」的禁忌，必須有對「婚外戀」「婚外性」的寬容和肯定，甚至對女人追求「婚外性」的鼓勵。

日據時代和美援時代，臺灣的特殊地位都曾使它的「酒家文化」極為發達，源遠流長。這種文化使臺灣比起大陸地區少了許多「性」禁忌。從政治領袖的言論中看，許信良有「不上酒家就不算是男人」，施明德對自己與女性關係的描述是「三不主義」（不主動追求，不負責任，來者不拒）。從青少年的觀念看，據2003年的調查，81%的在學青少年接受同居，58.9%接受婚前性行為，38%接受墮胎行為，15歲至19歲的青少年，50%以上已有性行為。而且，每年約有5萬名未婚少女墮胎。

1995年，網路熱開始在臺灣發燒，一夜情蔚然成風。1988年《神啊，請多給我一點時間》，從日本紅到臺灣。劇中援助交際的女主角，成為熱門話題，對接下來年輕世代產生「援交「的熱潮有相當的影響。1998年，網路小說《第一次親密接觸》，從網路紅到實體世界。從臺灣紅到大陸。90年代後期，搖頭丸等迷幻藥物在臺灣開始流行，更加速了「性禁忌「的顛覆速度。網戀、一夜情、援交，這三者互相混合著發生化學作用，帶領臺灣進入性開放的新階段。和80年代的第一次性解放不同的是，這一次的範圍更廣泛，參與者的年齡，則更大幅降低。

臺灣女性再一次站在了對「做愛」和「愛情」「情人」與「愛人」重新詮釋的門口。

60年代，女作家郭良蕙曾在小說《心鎖》中大膽探究了女性在婚外的戀情與欲情。

女主角是大學生丹琪，因為被男友拋棄，憤怒傷痛之餘便隨便嫁了人。婚後，已婚的前任男友又來勾引她，還有花花公子一般

的小叔也一再挑逗她，因為無法在婚姻中得到幸福，丹琪與小叔有了性關係，她的性欲需求也第一次得到了滿足。然而，她的身份卻使她對身邊的三個男人產生心理衝突，陷入恐懼和混亂。某日，她與小叔從幽會的飯店中出來，正好遇見前任男友，兩個男人爭風吃醋，飛車競馳，結果是一場車禍，雙雙喪命，丹琪僥倖存活，逃離現場。最後進入教堂，祈求神的寬容。

同為女性，郭良蕙對她筆下的女主角，傳統倫理中的「淫婦」充滿寬容和同情，不但沒安排她接受「報應」，反而讓她在兩個惡男的橫死中脫逃，重獲新生。

在當時的臺灣社會，後果可想而知，《心鎖》被禁，郭被臺灣「婦女協會」和「文藝協會」開除。

到了90年代，臺灣社會對待情欲的態度已經有了更大的寬容，臺灣女性對待情欲的態度也有了極大的轉變，「離婚教主」施寄青在文章中說，臺灣女性已經成為「第一代擺脫生育桎梏的女性，第一代大量而普遍接受教育的女性，更是第一代可以養活自己，不必依附男性的女性。」因此，她們也是「第一代可以對自己的身體和感情作主張的女性。」

女人的身體一向是文化想像與社會監控的焦點，有時她是浪漫詩歌的理想隱喻，有時她是社會版的一則新聞，有時她是法律和國家警戒的禁臠，有時她又是財富追逐和炫耀的目標，她既活生生地存在於權力密佈的具體時空中，也穿越時空而構成承載著繁複意韻的符號象徵。

於是如何談話，如何呈現，如何處理女人的身體，也成了女性主義者一項充滿挑戰極富創意的課題。

身體，第一次在中國土地上被女性當作一種口號提出來。

　　簡媜對貞操發表了自己的見解，她說：「貞操，狹義的說，即是對待肉身的方式，應該自己決定，不應該死守傳統的父系價值判斷。女性不是男性的一部份，正如，男性也不是女性所有。創世紀裏讓我最反感的是，耶和華以亞當的肋骨造女人，這女人的名字還是偉大的亞當先生取的：夏娃。貞節牌坊，其實是女人的刑具。餘孽所及，男人以為佔有女人的身體即是征服；女人也自以為失身（不管是否為自願）即應終生隸屬或終生無望。我不殺伯仁，伯仁因我而死，女人共不能省思這種死法，也是可悲至極。

　　要討論貞操，應該女性、男性一起包括；肉體、精神一起討論。」（《私房書》）

　　臺灣中央大學何春蕤教授更大膽地寫了一本《豪爽女人》，專門探討女性主義與性解放的關係。在此書的「自序」中，她開宗明義地說：

> 「我把豪爽和好爽扣接起來，這不僅是因為它們在語音上相似，更重要的是，我認為情欲上的好爽和氣魄上的豪爽是一體的兩面。而以我們的文化而言，女人在情欲上的自我壓抑（不爽）和她在氣魄能力上的脆弱及不自在（不豪爽）是同一件事。……正是性壓抑和性別不平等的互相強化，才使得女人無法好（豪）爽。」

　　她說「我必須強調：在情欲模式上，男人所習慣的主動、侵略、征服、多樣，以及女人所習慣的被動、遲緩、推拒、單一，並不只是個人在床上的偏好而已。事實上，這些情欲模式直接構成了

我們目前所觀察到的兩性特質，也影響到兩性的人格及力量發展，更合理化了兩性權力的不平等。」

她批評「要求情欲在已設定的有限管道中流動」的「性壓抑社會」，「它完全不考慮隨著情欲一齊被壓抑被框定的一切，包括人的活力，人的創意，人的愉悅。」

「情人禁忌」的突破之外，臺灣都市生活也為「情人」的生存壯大創造了更方便的條件。

首先是私家車的普及，為男女創造了更多邂逅的機會，他們可以在車中從容開始情欲挑逗，也可以快速而且隱密地將情人帶入兩人共處的私密場所，甚至就在車中構築臨時愛巢。

其次，各種以「休息」（一般以兩小時計費）為主要經營目的大小旅店（賓館、汽車旅館、小木屋）遍地開花，據學者統計，在臺灣至少有三千家以上這樣的賓館，保守估計每家平均是三十個房間，可想而知，在臺灣，情人的幽會是極其方便的。另據統計，這些旅店，生意興旺時，每個房間一天可以出租到二到三次。如此高的利用率，正是這些旅店得以興旺的原因。

如果生活很重
道德很輕，那麼
卸下一切
投入黑暗中吧

情人成了許多臺灣女性公開或半公開的角色，其中的形態千差萬別，不過，從女作家的描述中，我們大致可以把她們分為兩類：軟弱被動以及勇敢和主動的。

　　先說那些較為軟弱的一類。

　　一般而言，那些比較實際的女性常常容易走入婚姻，而在晚婚與不婚的女性中，愛情至上或者對情感生活理想化的居多。

　　這些女性走入「情人」的角色，多半是出於「情」，是真正的「情」人，非關名利。對此，李昂在《外遇》一書中不無嘲諷地說：「現代的『外遇』、『婚外情』，由於女性的獨立，有自己的經濟能力，男性可以無需付傳統『姨太太』的生活費。」這點在女作家的小說中也可以看出，蘇偉貞《紅顏已老》中的章惜，《不老紅塵》中的曾宇，廖輝英《不歸路》的李芸兒，《盲點》中的程子沅，《視窗的女人》朱庭月，施叔青《後街》的朱勤，《愫細怨》的愫細，蕭颯《唯良的愛》的范安玲，《失節事件》的廖叔容……都具有自足的經濟能力，有些甚至在經濟上幫助男友。

　　感情高度地投入是這些「情婦」的特色，蘇偉貞前期小說中的女性特別無法衝破情關，如《紅顏已老》中的章惜，對情人余書林一往情深。「不要求什麼的認定他」。余書林送她一條披肩，她就用它「緊緊把自己裹起來」，作者以此形象地表明瞭她心甘情願墜入情網。《不老紅塵》中的曾宇也是如此。

　　施叔青寫朱勤愛有婦之夫，「愛得那麼深，深到肉裏頭去，如果有人要把他從她肉裏拔出來，那會很痛的」。袁瓊瓊寫靜敏成了屈少節的外遇後的感情狀態──「整個愛上他了，突然全無腦筋，什麼也不考慮，就先想見到他。她的把握全失去了。」

　　然而，她們面對的又是一些怎樣的男人呢？大都是自私、寡情，只想佔便宜。如《不歸路》中的方武男，《荼蘼花的下午》裏的周景康和《後街》裏的肖像……

　　請看袁瓊瓊筆下的情人交往畫面：

有時候他會來。

他來之前總有一通電話，說：「我是周景康。」

聲音在那頭無味的停頓了一下，彷彿在想什麼，可是瞭解他太多了，碧淑知道他什麼也沒有想，他就是那麼公式的，不經心地頓了一下。像給下屬交代事情，莊肅的說：「我也許晚上過來一下。」

他總是說也許，可是這就是一定來的意思了。碧淑這邊也就規規矩矩的應了一聲：「我知道。」

打起電話來，兩方面都是非常淡然的。不知情的人聽到絕對猜不出兩個人的關係，可是這倒不是他在電話裏那麼死板的原因。他就是不喜歡打電話，說：「電話裏講話沒情沒義的。」

他嗓子很好聽，厚厚的，沉而緩，充滿了正式的感覺，兩人剛開始那段時候，碧淑還有心情逗他，問他些亂七八糟的話。

「喂，你現在幹什麼，喂，你有沒有想我？」

「很，好。」他慎重的，思慮的回答。那鄭重的聲音簡直可以用包裝紙包起來。

方武男更是殘酷地摧殘者，他享受了女人的柔情和關愛，卻隨時可以翻臉不認人，大聲咆哮：「我要負什麼責任？是我逼你的，求你的？你別鬧笑話了，又不是未成年人，如果覺得委屈，覺得不好，我們就別在一起。大家不是老早有了默契，好聚好散？沒見過你這樣不清楚的女人。」

雖然如此，女人們卻都無奈地繼續維持這種關係：

　　李芸兒，出於「有個伴總是好的，至於什麼伴不要緊」的心態，投入了方武男的懷中，雖然這男人可恥下作。但她卻一直擺脫不了與他的關係，「因為那種關係，在寂寞生活裏，是雞肋，又類似麻醉品，丟不掉，又讓人在慣性中沉溺」。

　　《後街》裏的朱勤也是如此，她「受不了一個人，如果她讓蕭走了，以後的日子，她將寂寞地過。她已經過了三十歲，很快地，有一天，她會像對面住的那個上海老女人，下午去坐在美容院打發時間，晚上不願呆在家裏，因為一個人實在太冷清」。碧淑對周景康的冷漠和任意挑剔也總是不能自拔，雖然「逐漸認識了他是自私、任性、寡情的人。可是碧淑愛他，容忍了他這些缺點，後來是比較難以容忍了，也還是容忍著，她不能不愛他，只有愛才能留住他」。

　　這些女性在「情人」的角色中處於劣勢的原因，已經不再是經濟上而更多是心理上的，除了情感寂寞之外，還有寂寞中對情欲的渴求。

　　蕭颯在《戰敗者》中以「戰敗者」形容離婚女子靜敏。作者一步步地寫出她對情欲的抗拒、掙扎和最終在男人的進攻下全面爆發的過程。李昂在〈暗夜〉中也寫了李琳為了葉原給自己的性樂趣而百般討好，多方屈就。

　　在女性把男人對她的性愛視為一種恩賜時，女性對於性的渴求可能助長男性對於女性的控制。西蒙・波伏娃就曾指出：「性可以是一個可怕的陷阱。……最糟糕的是有的女人發現性是令人快樂的事，因而或多或少成為男人的奴隸。」

　　為了擺脫這種窘境，臺灣女性開始採取更為積極主動的姿態。這就是我們下面要分析的第二類女性情人形象。

她們是充滿著自信的，主動的。不僅主動的追求，也敢於主動的結束和放棄。

　　在李昂的小說中，許多女性在情人關係中不再被動。如《生活實驗：愛情》中，丹丹就是一再主動進攻，第一次進攻對象是藝術學院裏的年輕的美國學生，以後又有了宋瑞淇。作品描寫她的刻意設計：「開始有意地接近宋瑞淇」。「她開始有意地介入他的生活，在那些狂歡的派對裏，她有過機會當然也考慮種種可能」。《迷園》裏的朱影紅，也從意亂情迷中清醒，從一個被動溫順的角色發展成為一個積極掌握主動權的女性。與情人林西庚復合時，她展現出如男性在商場上爭奪利益般的心機與手段，利用公眾領域的力量來加強林西庚對她的依賴——如暗中運用家族人脈幫助林西庚選上公會理事長，運用英語能力幫林西庚開拓美國市場……其他的小說如《昨夜》、《轉折》也都有女性在情愛關係中扮演了主動的角色。

　　比起小說，詩歌應該是心靈更為迅捷且直接的投射，因此在臺灣女性詩歌中，我們看到更多大膽主動的身姿。

　　李元貞《可以了吧》反客為主，寫女人走出廚房，自己休掉了男人；而陳玉玲在《沙發》一詩中大聲宣佈：「當你在我的地盤／擁抱其他的女人／在你背後的我／正計畫製造一場心折骨驚的大地震。」夏宇也有：「就走了／丟下髒話：／我愛你們。」（《就》）另一首《而他說6點鐘在酒館裏等我》裏又寫道：「我說：再見。想編一本索引／徒然的索引，在全部細節消失前我們不能像繭一樣的重新開始／我們甚至不能像癬。」顏艾琳的《車位》更具有反諷意味，一位女子嘟噥著「在他擁擠的心裏，有我的一塊黃金地段」。而「我」卻善良地不想說破，「他」早被「我」廉價售給了另一個女子。自那時起，「他」就在心的空地上，「建好一

座巨大的停車場」，（企圖吸納形形色色的車輛）這個女子不過在其中佔據了一個車位。

這些詩歌在在顯示出臺灣女性在情愛世界中新姿態，擯棄了依附或者佔有的心態，來去自如揮灑不羈。

西方學者柏格（Berger, John）認為，情欲是被權力所滲透的。因此，在男權社會中，被看的總是女性的身體。他說「男人行動，而女人呈現。男人注視女人。女人注意自己被注視。這不僅決定了大部份的男女關係，也決定了女人對自己的關係。女人內在的檢視者是男性，被檢視的是女性。於是女性把自己變為一個物體——最特殊的視覺物體：一種風景。（sight）」

而當女性開始反抗男權時，她們必然也在情欲的態度上更顯主動。她們不僅敢於主動地處理自己的情感和身體，也敢於大膽地觀看和議論男人的身體。

在臺灣，我曾有機會聽到女人抒發她們觀看男人身體的愉悅。有一位喜歡觀看足球的女子說，最讓她興奮的不是進球，而是進球後那些球星脫衣撒歡時刻，那些英俊、健美的球星脫去背心，露出強壯的胸脯，真是最動人的一刻；另一位女子說，她喜歡看棒球，總是買外野的票，因為在那裏有最佳的角度，可以觀賞職業棒球男選手健美臀部的優雅曲線。

從那一天起，我在臺灣的街上行走有了一種不自在的感覺。平時，我和男士上街，總是可以瞪大眼睛，飽餐秀色（美其名曰養眼），夾幾句評頭論足……而今，我已經感到女人們撲面而來咄咄逼人的眼光。

臺灣女人不但開始主動看，也開始主動寫，寫她們眼中男性情人的狡詐與懦弱……

顏艾琳的《愛情晚宴》是一幕小喜劇，劇中的女主角清醒地觀察和嘲諷了那偽裝多情的男子：

> 當他好不容易邀她來進餐
> 並掂了掂口袋中裝滿的誠意
> 總算可以放心問她：「幾分熟的？」
>
> 「四分熟即可。」？！
> 原來她喜歡有點野蠻的味道
> 並嗜帶血的主餐
> 整晚，他開始計畫如何把自己的激情拿去放利息
> 並打算將保存已久的誠意，寄託於某銀行的保險箱裏……

　　幾分熟的探詢，字面上為鐵板牛排的烘烤度，實際是問幾分熟悉才能進入交合的情人狀態。當「他」知道「四分熟即可。」立即計畫將「結餘」的激情拿去放利息。可見男人的有欲無情，情感缺缺而性趣濃濃，情感上的捉襟見肘精打細算，是「情感」的守財奴。

　　她們也寫男人的身體和情欲。從本章中的題詩，夏宇的《某些雙人舞》就可以看出，在這場雙人舞中女性是喜歡的，而男方是冷淡的，以一種完成工作的狀態；女方一直在冷靜地觀察他、鼓勵他，很顯然，在這場「雙人舞」中，她是主動的引領者，而不是被動的被玩弄者。

　　江文瑜《男人的乳頭》，顏艾琳《度冬的情獸》都以一種大膽直視的姿態寫男人的身體，姿態和情欲。李元貞在她小說《愛情私

語》中，更以能滿足女性的性高潮作為理想情人的必備條件，比如其中的小張。

七年前，為花城出版社編選一本李昂、施叔青兩姐妹的作品選，在編者前言中，我發表了這樣的感想：

80年代以來的臺灣，兩性關係空前未有的開放隨意。交往乃至交合的自由，並沒有降低現代女性的孤獨指數和苦悶指數，反而使她們遭受更多的困擾與創傷，根源之一在於女性對待性的純度與周遭污濁之間的落差。

一般而言，與男性相比，女子在尋找性對象時，總更注重內在的素質，更多地要求情感的溝通。所以，即便她已強大地足以衝破傳統，大膽走入性的禁區，她們的色欲也往往是對情感的確認和慶祝，倘若沒有精神之光的撫照，使自覺污穢惡俗；越有品味的女子越不願意接受簡單的泄欲，而力圖把性做成抒情詩。然而，與這種要求形成強烈反諷的是，她們所可供選擇的性夥伴，大都是富有卻粗俗的獵色者，偷歡而不準備全身心投入的薄情人，所以，新女性感到格外不堪了。

七年後，我又接觸更多的材料。知道臺灣女性在情人角色的扮演上已經比起先前更為主動生猛，但是，在整體上看，我依然堅持七年前的這一觀點。

下篇

感性世界

一、她們的妝飾

女為己容──短衣短褲的風波──尹雪豔的旗袍不興了──
花花世界──米亞的感官

我渴望你複蓋，風一般輕輕壓著我
以你細緻的皮膚如貼身夜衣
或彷彿就是我自己的皮膚

牛仔褲是流行的白話，寫著詩一般騰躍的短句
開叉裙有古典的文法，銘刻了長篇的祈禱詞
春天一呼喊，你絲質的襯衫就秀出
兩朵粉紅的花給如夢的人生看

然而我知道，真實的秘密總隱藏在身體的櫥窗裏
「打開看看吧！」你含笑的眼神時常這樣暗示我
為一顆鮮紅的果子而羞澀

──陳義芝《住在衣服裏的女人》

　　女作家張曉風在一篇散文中這樣寫道：「在一盞茶裏飲千古的
風流，在瓦斯爐前遙想燧人氏的風采。由一張紙上想見漢文明，捧

一碗飯時懂得感謝嘉南平原上的老農。讓事事物物都關情，讓我們活得更好奇，更驚訝，更感激。」（《萬物夥伴》）

在這些文字中，我們可以讀出女人特有的感性，以及她們觀照萬物，得物趣，通物情，能友物，能契物的一片澄淨之心。女人，本來就是由環繞她們周遭的萬物烘托而成的。在本篇中，我們想說說環繞在臺灣女子身邊的物品，讓我們走進她們的房間，打開她們的衣櫃和抽屜，看看那裏都有些什麼。

服裝對於女人，應該具有比男人更重要的意義吧？有個臺灣女作家甚至這樣說：「對於女人而言，整個身體都是臉。」身體是臉，當然需要精心裝扮。

女性的裝飾因不同的種族環境和不同的文明演進階段而各具特點。在中國古代社會，女性容姿美和女性妝飾手段的變遷中隱含著兩個基本的原則：一是維護等級制度的尊嚴。二是體現男性擇偶的理想。

在「郎才女貌」的時代，對女子而言，自我妝飾（其中有些甚至是自我摧殘，如纏足束胸）是女子順應社會的生存需要。評價女性妝飾的社會標準是男性的眼光，「女為悅己者容」，實際上絕大多數女性是為男性，特別是為有權勢財富的男性而裝扮。

自我妝飾到了現代，稱作自我包裝，不可否認，今天女性的自我包裝依然留有和古代重合的目的，或以色事人，或締造良緣。但是，卻可以明顯地看出，在都市中，「女為己容」，而非「女為悅己者容」，已逐漸成為一種潮流。長期以來在女性裝飾中居主流的兩大功能——等級標識和取媚社會，正在逐漸淡化。女性妝飾開始成為女性情趣、品味和消費能力的通用尺度，也是女性彰顯個性的手段。

臺灣歌壇有一首走紅的歌叫「一場遊戲一場夢」，在臺灣女人那裏，一件衣服可能就是一場遊戲一場夢。對她們而言，買不同的衣服，就是投射和塑造出不同的自我，展示出無數自我的可能性。都市的生活現實是有限甚至無聊的，所以，都市女子藉著形形色色的衣裳來創造自己各式各樣的夢境，這衣裳有時如同初戀——在滾滾紅塵攘攘集市裏遇見不就是奇異的緣分、挑揀、比較、進退迴旋、欲拒還迎；到手以後，驚喜衝動，迫不及待的上身，刺激的陌生感交織著些微的不確定……它有時像愛情，逐漸熟悉，肌膚相親，難解難分，招搖過市時的喜悅和驕傲，孤燈相對時的款語摩挲，汙損碎裂時的心痛怨憤……它有時是私密的心境，紅色的裙子是少女的青春，刻下了那次春遊中的初識；藍色的旗袍是研究所時期的美麗和哀愁，純白的皺絲裙裝猶有婚禮的樂曲回蕩，那件孕婦裝有將為人母的忐忑和希冀……

　　正因為如此，「再沒有心肝的女子說起她『去年那件織錦緞夾袍』的時候，也是一往情深的。」（張愛玲語）

　　女性妝飾因此開始不拘一格，各行其是，變得空前未有的精彩、多姿、奇幻甚至光怪陸離。

　　於是，女性裝飾就成為解讀時代女性心理變遷的一份記錄和一種指標。

　　上世紀50年代，臺灣島內在女性妝飾上普遍趨於保守，這與當時物質條件的窘困有關，也有意識形態的壓制和禁錮。在今天回顧過往，最讓人津津樂道的例子就是，1950年夏天在臺北市發生的一幕，有兩個女子，穿著短衣短褲，在街上閒逛，結果招來橫禍，臺北市相關管理部門因此判定她們為妨害風化罪，課以罰金，計台幣30元。這在當時是一筆不小的罰金了。臺北市尚且如此，當時臺灣

其他鄉村僻壤的地方，不難想像，在對女子裝飾的要求上會有多少可怕的禁忌。

60年代的臺灣，女子服飾的保守風氣已經漸漸有鬆動。不過，在學校裏依然嚴格規定，女生的裙必須過膝5公分，頭髮必須在耳垂上3公分。

張曼娟說在中學讀書時，女教官手裏總是拿著一把尺，量上量下，與女生為了耳下頭髮的長度，爭論不休。女同學為了蒙混過關，便把外層頭髮修短，內層留長，捲進去，教官一走，馬上拆掉夾子，長髮及肩。

憶及當年臺灣的禁錮，女詩人夏宇在詩中這樣寫道：

> 那些貧瘠的年歲
> 粗暴的光
> 狙擊暗淡的日子
> 洗出模糊的臉
> 失焦的心穿著寬大的衣裳，掩飾
> 發育的雙乳

詩句裏充滿了憤懣和抗議，另一個女詩人利王芳比較溫和，她從另一角度呼喚女性的服飾美：

> 油煙的裙兜暫且鬆開你的腰間
> 讓圍巾在你頸項繞一圈溫暖
> 賢慧與溫柔的冠冕暫且脫下吧
> 讓俏皮的呢帽拉近你耳邊

進入 60 年代，伴隨著臺灣經濟的起飛物質生活的提升，以及文化的日益開放甚至西化，在大陸女子依然以藍灰制服為主全面扼殺女性曲線美的年代，臺灣女性已經有機會在服裝和飾物上大做文章。

　　這可以從臺灣著名的小說家白先勇的名篇《臺北人》中看出。

　　《臺北人》是一部小說集，包含了 14 部短篇小說，描寫了六十年代臺北都市社會的各階層，其中的女性人物，有上流社會的貴婦，社會界的名媛和紅舞娘、女僕、小店妓女……小說以細緻的筆觸表現了那個時代臺灣女性，特別是引領女性裝飾時尚潮流的上層社會和歌台舞榭中的女性服飾。

　　在小說裏，我們可以看到臺北的官太太不但會上美容院去動手術拉皮，按摩面部，還把美容師請到家裏來修指甲、梳髮型，聽美容師建議她們根據旗袍的顏色決定佩帶何種玉器，塗什麼顏色的指甲油。

　　上海是上個世紀三四十年代中國最為時髦的都市，生活其中的男男女女把服飾的光鮮亮麗視為自我形象第一要件。在上海，假如衣衫不夠格，趕不上潮流，看守公園的人會格外認真地檢票，大宅子的門衛不肯讓你從正門出入，女人在店裏挑挑揀揀的時候，會遭遇更多的白眼。

　　拜十里洋行之賜，得西式風氣之先，上海曾經是中國都市生活的指標，許多的上海人以他們的生活方式為榮，因此不管他們漂泊到何處，也都要頑強地保存。臺北著名的出版家、作家隱地對上海大學生出身的父親有這樣的印象：

　　「父親一向愛穿筆挺的西裝，母親說她就是這樣被父親的外表所騙。是的，我記憶裏的父親總也是一襲西裝。可他一生就只有西裝。父親活一輩子，沒有自己的房屋，沒有長期存款，當然更沒有股票，他去世時，唯一留給我的，也只有一套西裝。」

　　上海男性尚且如此，更不必提以服飾為重要生活內容的女性了。用老上海的俗語來說，就是「女孩子碗裏沒油不要緊，頭上沒油就不行」。

　　1930年，中國出現了旗袍，最先是在上海女學生中盛行，繼而風靡中國各城市，旗袍的發明是中國女性在服裝上的一次突破，在這以前，男人可以穿一件套的服裝，女人則不允許，她們的服裝要求是「兩節穿衣」旗袍。這種中國旗裝與西方服裝混合的產物，發明者無以考據，不過始作俑者為上海，則無庸置疑。

　　淡妝佩玉，燙髮，旗袍，絲襪，高跟鞋，是四十年代上海南京一帶上層社會交際圈中女性常見的禮服和妝飾，在五六十年代的臺北，這依然是流行於貴婦人的社交圈中的時尚，白先勇在小說裏細緻地描寫了那些貴婦名媛沿襲滬上的時髦穿戴：

　　「寶夫人穿了一身銀灰灑朱砂的薄紗旗袍，足上邊配了一雙銀灰閃光的高跟鞋，右手的無名指上戴上一隻蓮子大的鑽戒，左腕也籠了一副白金鑲碎鑽的手串，發上卻插上一把珊瑚缺月釵，一對寸把長的紫瑛墜子直吊下發腳外來。

　　五十多歲的賴夫人「穿了珠灰旗袍，帶了一身玉器。」

　　「尹雪豔永遠是尹雪豔，在臺北仍舊穿著她那一身蟬紗的素白旗袍。……尹雪豔從來不愛深塗脂抹粉，有時最多在嘴唇上點著些似有似無的密絲佛陀。」

　　雖然，她們的裝飾大半沿襲了上海的時尚，畢竟也有了變化，在白先勇小說《遊園驚夢》中，居住在比較偏遠的南部的錢夫人，趕來臺北赴筵突然發現，「臺北不興長旗袍了，在座的——連那個老得臉上起了雞皮皺的賴夫人在內，個個的旗袍下擺都縮得差不多

到膝蓋上去了，露出大半截腿子來。在南京那時，哪個夫人的旗袍不是長得快拖到腳面上來了？」

推進了臺灣女人的愛衣戀衣之風的還有以下一些事件：

1960年，臺灣舉辦第一屆中國小姐選拔。

同年，賈桂琳（大陸通常翻譯為賈桂琳）因夫婿甘迺迪當選總統成為美國第一夫人，開始更加頻繁地出現在臺灣的報紙，紀錄片和電視螢屏上，她的髮型，大墨鏡，線條筆挺的洋裝，無袖上衣，窄管長褲，成為臺灣女性服裝時尚追蹤的焦點，十多年不衰。在臺灣第一次有了運用著裝風格完美展現和提升個人魅力的女性典範。

1965年，在臺北衡陽路舉辦了臺灣有史以來第一次裸體攝影展，展出柯錫傑等34位臺灣攝影家的攝影作品。攝影展開幕那天，人頭攢動，萬人空巷。

女性裝飾的演變，還不能不提到女作家張愛玲。1961年，她來到臺灣，悄悄地，在小說家王禎和的陪伴下，從臺北出發，準備到花蓮台東、屏東、高雄一遊，才遊了花蓮，就聽到了她在美國的夫婿賴雅中風的消息，匆匆離台去香港。只有一位晚報記者發現了她的行蹤，在臺灣的報紙上寫了短短不到一百字的新聞。那時，張愛玲所擁有仰慕者不多，只是一些作家和教師。

1968年，引領臺灣大眾文學風潮的皇冠出版社重印張愛玲在上海時期的作品，她開始為臺灣讀書界特別是女性讀者所矚目。張愛玲是一個喜歡「奇裝異服」的女作家，她可以穿一襲寬袖大袍的晚清行頭，也可以著最前衛的旗袍，並自行在外邊罩上短襖。她也會去香港買廣州土布，帶回上海做衣服，四處招搖她自己設計的那玫瑰花紅，嫩黃葉綠的服裝圖案。並且，「自以為保存了劫後的民間

藝術，彷彿穿著博物館的名畫到處走，遍體森森然勃勃欲仙，完全不管別人的觀感。」（《對照記》）

對於張愛玲，衣服不僅是人體輪廓的烘雲托月，而且是有意的叛逆和招搖，是特立獨行，是寄情寓意——有顛沛落魄的淒涼，也有情深意濃的輾轉。她那為臺灣女讀者所深愛的散文《更衣記》，不僅博學多聞地追溯了歷代服飾之演變，更有如先知般地預言六、七十年代的臺灣服裝變動的內在動力——「在政治混亂期間，人們沒有能力改良他們的生活情形。他們只能夠創造他們貼身環境——那就是衣服。我們各人住在各人的衣服裏」。

1973年，林懷民帶領《雲門舞集》首次在臺北公演他們自編自導的現代舞，引起極大的轟動。那些活躍在舞臺上熒屏上的男男女女，他（她）在服裝與肢體語言的大膽和創新無疑給臺灣女性帶來著裝新資訊和新風氣。從此，至少在70年代裏很長的一段時間內，臺灣女性開始流行穿露背裝。

處於亞熱帶的臺灣女性本來就少著笨重的冬裝，她們有更多的機會讓年輕的肌膚與和煦的清風溫暖的陽光相親相戀，日日享有「當時年少春衫薄」的好感覺。服飾業的興盛，在臺灣，是題中應有之意。

今天，在臺北漫步，隨處可見服飾店，一家連著一家，一條街連著一條街，其中不乏世界名牌和名店，琳琅滿目的服飾，東洋交錯歐風，摩登挨著鄉土，繽紛雜陳，叫女人難以靜下心來。

日本設計師那種苦澀而富於禪意的墨色旋風是臺灣「哈日族」少女的最愛，人近中年的企業的女主管喜愛「希拉蕊式」的幹練精神，講究優雅脫俗和明快俐落的並容並蓄，避免俗麗輕佻。而深深為柴契爾的雍容，戴安娜的嫻靜所吸引的都市名媛嬌娃，則追求歐洲設計師的明亮與多彩。

在男外女內的性別空間規範下，大街女子只能是風塵女子的代名詞。而今，街道成了現代女性生活、工作的必經之路；也是女性掙脫家庭束縛的開放空間。在都市街道上展示女性妝飾的風采，不僅是賞心樂事，是休閒娛樂，也是掙脫禮教後恣意任性的象徵。

不過，快節奏行進在都市大街上的臺灣女性常常要哀嘆：這樣荒亂匆忙的生活，如何才能穿出裙子的優雅呢，寧願打入冷宮，也不要糟踏它們的浪漫風情，還是選擇長褲吧，它更適合我不得不匆匆大踏步前進步伐。在歷經過度壓抑之後，臺灣女子在服裝上一度放恣，如同青年的張愛玲，因為「小時候沒有好衣服穿，後來有一陣拼命穿得鮮豔，以致博得『奇裝異服』的美名」。

西方美人的妝飾以展露和加強女性形體曲線為美，以健美為美，而中國傳統中對女性妝飾的要求，是以柔弱為美，甚至不惜扭曲自然形體來展現這種柔弱。西方女性妝飾的新觀念，隨著西式服裝西式美容美體方式的流行而逐漸在臺灣占上了風。大方而自信的臺灣女性形象，一掃傳統女性柔弱謙卑之態，一展蛾眉揚眉吐氣之姿。

臺灣女人追隨世界時裝潮流，她們的審美標準逐漸西方標準靠近，這可以從臺灣流行的月份牌和女性雜誌上的封面女郎形象的不斷改變中看出，從兩眼含羞、端莊謙恭、卑微刻板、拘泥守禮，轉為活潑自然，無拘束甚至帶著挑逗的目光，大膽刻意地展露形體的美麗魅力。

上個世紀80年代，受到炫耀誇張以及女性健身風潮的影響，在流行時裝中，刻意展現身材健美、緊身貼身及誇張墊肩大行其道。「墊」出女人曲線，「踩」出高人一等。一件衣裳就是一個角色，一個佩件猶如一句臺詞。臺灣女人在物化的過程裏，尋找片斷的、暫時的、分裂的自我認同，可以在混亂中製造混亂，也可以超越一切，返樸歸真。

　　進入綠色環保運動籠罩下的90年代，臺灣女性裝飾開始趨向返樸歸真，崇尚自然流暢的線條和各種野生動物的皮紋圖案，色彩上廣泛運用大自然的天藍、草綠、土黃，線條上以柔緩，自然，流暢，內斂為主導。進入21世紀，在歷經了名牌鼎盛的消費年代之後，臺灣女性之間口口相傳著一種「女子衣著建議」，建議說，每年每個女子只需要購買五件T恤、兩件長褲、兩件裙子、兩件外套和一件大衣，就足夠了，這與80年代末期相比，實在是有天壤之別。80年代那時的臺北女子，一件衣服只得一季相親，不斷地購買，不斷地嫌棄，漫不經心就是滿滿一櫃子，塞得錯敗狼藉，鍾情只有數次，然後悲慘地棄在角落，衣櫃成了荒塚。所以，臺灣著名的漫畫家朱德庸要這樣說，女人嘛，衣服夠了，衣櫃不夠。等到櫃子夠了，衣服又不夠了。

　　如今，全球女子購衣的狂熱已經有所削減，在寧靜簡樸生活風的吹拂下，在囊中羞澀的計較中，也在全球服飾「極簡風潮」（單一色系和乾淨的線條）的影響下，中性服裝開始在許多都市大行其道。但在臺北，女性服裝依然如一位資深女裝業者所言「女性化依然是臺北女性至高無上的穿著法則」，蕾絲、蝴蝶結、皺折、亮片、珠繡、粉彩的印花……這種種細節依然不斷地在女性服裝中亮相。服飾的「女性化」在臺北女人看來，也並不是暴露和作秀，越短越薄越明就越是女性化，而是應該依據個人的身材，個性和心境，利用不同品牌與風格的服飾巧妙搭配，展示女性自我的風韻和光彩。

　　臺灣女作家朱天文，在她著名的小說《世紀末的華麗》一書中刻劃了一位時裝模特，她叫米亞，是一位憑藉感官生活的女子，她記憶年歲和日期憑藉的是顏色和味道。光鮮的外貌，飄浮的影像，

風乾的玫瑰組成了她真實的生活史，她熟悉巴黎、米蘭、東京的最新流行。現代社會日常生活越來越快的變革，尤其是朝生夕死的時尚風潮影響了她的時間感覺，25歲就已自認「年老色衰」。通過服裝及流行時尚迅速變更在一個女子心態上的影響，作者為我們刻畫出90年代中期以來臺灣都市女性的心態變遷的一個側面，這就是，不再追求意義和深度、轉而把直覺和感覺經驗當做人類希望所在，敘述者在小說的末尾以帶有總結的口吻說道：「有一天男人用理論與制度建立起的世界倒塌，而她將以嗅覺和顏色的記憶生活，從這裏予之重建。」

這些話語中充滿了女性對於感性，她們久經壓抑了的感性的崇尚和膜拜。

二、她們的書房

女性知識份子閱讀──古代典籍──《自己的房間》
與《第二性》──林海音對陣張愛玲──女書店──墜樓人。

　　有人以為詩在題詩的壁上、扇上、搜納奇句的古錦囊裏，或
　　一部毛詩，一卷杜子美裏。其實，不是的，詩是地泉，掘地
　　數尋，它便翻湧而出，只要一截長如思緒的汲綆，便可汲出
　　一挑挑一擔擔透明的詩。
　　相傳佛陀初生，下地即走，而每走一步即地湧金蓮，至於我
　　們常人的步履，當然什麼也引不起。在我們立腳之地，如果
　　掘下去，便是萬斛地泉。能一步步踩在隱藏的泉脈之上，比
　　地湧金蓮還令人驚顫。
　　讀一切的書，我都忍不住去挖一下，每每在許多最質樸的句
　　子裏，蘊結著一股股地泉。古書向來被看作是喪氣難讀的，
　　其實，古書卻是步步地泉，令人忍不住嚇一跳，卻又欣喜不
　　已的。

　　　　　　　　　　　　　　　　　　　　　──張曉風

　　舊時的中國讀書人都有自己的書房，一般還要配上一個雅號，
叫做什麼什麼齋的。不過，大多數的女子沒有這種福分，她們出了

閨房又進了繡房，或者是廚房。西方女子的命運似乎也好不到哪裡去，所以，才女伍爾芙才寫了《自己的房間》為天下女子請命，她說，莎士比亞有個才華橫溢的妹妹，因為沒有屬於自己專門的書房，心情鬱悒紛亂，拘囿困頓，死在一個無人傾訴的冬夜裏。但在今天，臺灣女子有書房已經不是什麼難以企及之事了。

她們的書房不大，但有滿架的書，有寬大的書桌，落地燈柔和的光暈灑在沙發旁，放下厚厚的垂地窗簾，掀開書頁，暗香浮動，女子雲蒸霞蔚的思緒，女子低首斂眉的沉吟，女子磅礴激情的揮灑，女子智慧圓融的感悟，就在這裏醞釀，在此成熟。

臺灣女性閱讀在幾十年間有許多變化，但是其閱讀源頭總不外來自以下三個方面：一、中國古代典籍；二、西方文化典籍；三、同時代作者的著作。

臺灣的女性閱讀可分為大眾閱讀與知識份子閱讀，在本書的瓊瑤熱三毛熱中我們對臺灣女性的大眾閱讀已有了相當詳盡的描述，這裏著重要談的是臺灣女性知識份子的閱讀。

我們不想也無法一一羅列她們所閱讀的書單，只想從上述三個方面找出與女性心態女性意識最為密切的一些閱讀現象。

臺灣著名的女性文學批評家張誦聖教授對臺灣文化生態做過精細深入的分析，她指出臺灣的主導文化對女性的文化品味有著特殊的引導作用，它既奠定了女性文化蓬勃發展的基礎，也同時意味著局限和特定框架的樹立。她認為，在臺灣主導文化中很重要的一個方面就是傳統中國的審美情調，與傳統中國相聯的一整套抒情想像的模式和內容。作家龍應台也有相同的看法。在擔任臺北市文化局長時，她這樣說：「到過臺灣的大陸文化人——如果他不是很倒楣地每天都在和人吃飯的話——幾乎都有一個共同

的觀察：臺灣是傳統中國文化保存的最豐厚的地方。我記得莫言
說過，王安憶說過，還有許多來開會的學者。他們指的當然不是
古城古跡——臺北怎麼能跟西安相提並論？他們指的是看不見的
文化內涵。臺灣保留了許多傳統：宗教，不論是佛教還是道教，
一樣的昌盛；教育還教孔孟儒學和古典文學，孩童還上孔廟朗誦
三字經與唐詩；尊師重道，出悌入孝仍是主流價值；待人接物，
語彙用詞仍是舊時規範。」

大陸的文化界也有與此相似的觀點，例如，1997年，作家王蒙
訪問美國萊斯大學，被問到為何大陸作家余秋雨的散文在臺灣能夠
受到讀者的熱烈歡迎。王蒙的解釋是，余秋雨的作品，「甜酸、微
苦、有書卷氣」，與臺灣讀書界的文學品味相投，這裏的有「書卷
氣」，應該指的就是一種由傳統古典文化薰陶而出的品味。

讓我們具體來看著女作家的對古典文學的閱讀感受，從兩代女
作家的文字中體會這樣一種品味：

> 在傅斯年圖書館當窗而坐，遠近的絲雨成陣。
> 桌上放著一本被蠹魚食餘的《青樓集》，焦黃破碎的扉頁
> 裏，我低首去辨認元朝的，焦黃破碎的往事。
> 一壁抄著，忍不住的思古情懷更如江中兼天而湧的浪頭，忽
> 焉而至。那些柔弱的名字裏有多少辛酸的命運：朱簾秀、汪
> 憐憐、翠娥秀、李嬌兒……一時之間，元人的弦索，元人的
> 簫管，便盈耳而至。音樂中浮起的是那些蒼白的，架在錦繡
> 之上，聰明得悲哀的臉。
> 當別的女孩在軟褥上安靜地坐著，用五彩的絲線織夢，為什
> 麼獨有一班女孩在眾人的奚落裏，唱著人間的悲歡離合？而

如果命運要她們成為被遺棄的，卻為什麼要讓她們有那樣的冰雪聰明去承受那種殘忍。

「大都」，輝煌的元帝國，光榮的朝代，為何竟有那些黯然的臉在無言中沉浮？當然，天涯淪落的何止是她們，為人作色的何止是她們。但八百年後在南港，一個秋雨如泣的日子，獨有她們的身世這樣沉重地壓在我的資料卡上，那古老而又現代的哀愁。

雨在眼，雨在耳，雨在若有若無的千山。南港的黃昏，在滿樓的古書中無限淒涼！蕭條異代，誰解此恨！相去萬年千年，她們的憂傷和屈辱卻仍然如此強烈地震撼著我。

雨仍落，似乎已這樣無奈地落了許多世紀。山漸消沉，樹漸消沉，書漸消沉，只有蠹魚的蛀痕頑強地咬透八百年的酸辛。

上面的文字是散文名家張曉風教授寫於上世紀70年代初期的《青樓集》，八百年前的女藝人的生涯，在秋雨如泣的日子裏，又震撼著一個女藝術家的心靈，引起了她對中國女子命運的悲哀和思索，這裏有些許無奈，但有更多的不甘不平，聲聲叩問！

70年代末期，朱天文、朱天心姐妹聯合三五個志同道合的文學朋友，出版「三三」集刊，成立「三三」書坊。他們的理想是追尋古代的中國禮樂文明，他們熟讀張愛玲、胡蘭成和《紅樓夢》，她們也在自己的周圍構築起一個彷彿大觀園的空靈世界。她們極力擁抱文化中國，在種種世俗生活中去發現和闡釋華夏文明的美，意氣飛揚地把讀古書的快意寫出。

朱天文說：「我愛《古詩源》，我愛裏頭的世界永遠是這樣的高曠亮麗的。」我們讀經書的心情，也好像面對親人說話，是我

們的祖父忽然來到眼前，見著了他的人，就像見著了歷史的絕對真實，也是見著了生於這歷史裏的民族情操。因為喜愛中華文化，也就喜歡了中國的婚禮，她說：「想著中國的婚姻，真是從一片廣大的人世裏生出來的……新式的婚禮……沒有深廣的人世為背景，等情感如烈火燃燒完了，就真是完了，那場面的單薄令人氣短。」

到了90年代，臺灣的女性依然鍾情於古典，對於古代女性的觀照更多地擺脫了「哀怨」和「淺愁」，而流露出中國傳統女性文字中少見的爽朗、剛健和幽默，下面的文字選自1994年出版的臺灣女作家的散文集，它描述了中國古代的三位著名女人在簡媜這位女作家心中的形象：

西施

我以為美的是東方未明之時，我粗服蓬首的窹寐心情，或是於以采蘩，於澗之中的那一種肅敬，而人們卻說美的是我！造化天壤的風采，怎可讓我一人占盡？我寧可躲開瑩瑩的流眸，去赴激揚之水的約，白石皓皓若然有情，我牽裳涉水，濕的不是素衣是我暗暗孤寂的心。遠處村煙那兒，有人驚呼河岸有著沉魚，我不管，趁著大化濤浪尚未流逝，我只想浣淨心中的那一匹紗。

楊貴妃

三千粉黛是一園子癡癡的花，比不上一瓢華清池她浴過的水香，其實，雲裳花容，只是造物者自怨自艾的捏陶之作，竟改變了長安城重婦輕男的生育術法。

紅娘

普救寺西廂房的門咿呀而開，閃出一條輕盈的女影，蓮步聲
聲慢，沿著回廊而去，竟忘了飛鴿傳書的律令，水塘旁，魚
靜花閒，只映得一輪明月，古今來，曠男怨女的心情，可不
就像十四的月，那女子俯身臨水，正要問一問自己的兒女心
事，冷不防，袖口滑出一封彩箋，只見她急急拾起而去，東
軒窗下，那張生還等著她的媒妁之言。

在臺灣女性的中國古典閱讀中，我們不能不提到《紅樓夢》。

《紅樓夢》本來就是中國女人的寶書。在臺灣，它在張愛玲等
女作家的頂禮膜拜之下，更是令女人刮目相看。

張愛玲一生癡迷《紅樓夢》，十來歲時就能把整部《紅樓夢》
記誦，愛不釋手中還寫了一本小說《摩登紅樓夢》。成年以後把各
種版本的《紅樓夢》都讀熟了，在各種不同版本中一看，就能找出
其間的微小差異。晚年更是花了整整十年的時間，考據《紅樓》，
以一種瘋狂的熱情寫出十幾萬字的紅樓夢研究專著──《紅樓夢
魘》。《紅樓夢》對她，不僅是揮之不去的夢魘，不僅是嗜好，簡
直是一張情網，一味解藥。

1994年，臺灣舉辦首次世界性的紅學會議，主辦單位的負責
人，臺灣中央大學中文系康來新教授向在美國的張愛玲發表了邀請
函，張愛玲很有禮貌地寄回了大會寄去的回執，並親筆加了幾個
字：「真可惜不能來，光是豐富的錄影帶已經令人嚮往，多謝！」
（錄影帶是會議寄給她的有關會議的宣傳材料。）張愛玲這張回執
令許多臺灣張迷驚嘆，紛紛影印，並裁成書簽。

　　與此同時，《三三集刊》同仁朱天文、朱天文、鐘曉陽等女作家，也著迷於《紅樓夢》的神韻與筆法，在她們的小說和散文中，時常可見「紅樓筆法」。中央大學中文系的女教授康來新更是幾十年來時常巡迴於臺灣各院校講授紅樓課程，並定期推出「紅樓藝文」活動，並主持中央大學「紅樓夢研究室」，撰寫出版了一系列紅樓研究專著，這些都讓《紅樓夢》在臺灣吸引來更多的現代女性。

　　經過現代的洗禮，臺灣女性已經對《紅樓夢》有了更多樣的新的詮釋。在2003年臺北出版的一本雜誌中，是這樣描述《紅樓夢》的：

　　　　文學作品中，最不用介紹的是《紅樓夢》，討論它的書已可自成一個圖書館。所有的文學大師，包括張愛玲、胡適在內，都是紅迷。然而，無論《紅樓夢》如何被研究，它真正好看的地方，還是在它作為文學創作，一本最佳的愛情小說。

　　　　中國傳統小說寫作者，其實是以男性為中心的，歷史小說、武俠小說、演義公案等，都是以男人為中心，到了《紅樓夢》，才開始以女人為描寫核心。十二金釵像是為中國女性樹立十二種典型，每一種典型，因了身世、性格、才情、天分的不同，而有各自的命運，細細地瞭解女人，本書是一個最佳的範本。

　　　　當然，它還可以有好幾種讀法。毛澤東曾把它當政治小說，用來分析封建時代一個家庭裏的權力運作與陰謀，當然更可以放大到宮廷，有人把它當曹雪芹自傳，也有人把它當清朝的文物考證、作家研究、寫作方法等的研究題目。然而，無論怎樣看，它首先是一本好小說。

一本好看的愛情小說。

讀者可以從林黛玉、薛寶釵的身上，看到女性的不同類型，
它代表著不同的性格才情以及可能的命運。林黛玉的性格。
天生就無法在婚姻中，找到最後的安定，她天生適合當作
家、藝術家，薛寶釵則是EQ非常成熟的管理者，不會讓家庭
出現巨大衝突，也不會讓生命走極端，適合當太太，或者立
委夫人、部長夫人。至於晴雯，當國會助理倒是不錯，不然
當情婦也很棒（不惜陪你吃搖頭丸的那一種）。其他人要如
何與現代社會對應，讀者自己可以去排排看，保證很好玩。

這種筆調，有新女性的頑皮不羈，也有後現代的解構。

在西方文化書籍中，通過報刊的推介和各種婦女讀書會的
推廣，大量湧入。瑞尼絲（June M Reinisch）的《新金賽性學報
告》，海倫（Helen E Fisher）《愛欲——婚姻、外遇與離婚的自
然史》，葛瑞爾（Germaine Greer）的《女太監》和貝蒂（Betty
Friedan）《女性的奧秘》相繼譯出，於臺灣女性讀者中風行一時。

而對臺灣女性影響最大持續時間更長的是波伏娃的著作《第二
性》和伍爾芙夫人的《自己的房間》，尤其後一本書對於臺灣知識
女性影響的時間更為久長，值得一提。

早在1961年1月，臺灣著名的《現代文學》雜誌就推出《吳爾
芙專號》，女作家張秀亞在這個專號中撰文推薦《自己的房間》
（A Room of one's Own）。不久，張秀亞又向她的女友，已經移居
美國的沈櫻（沈櫻曾以一系列描寫女性婚戀的小說驚豔三十年代中
國。）要來此書的英文版。張秀亞於1973年譯完《自己的房間》全
書，找到林海音主持的純文學出版社，一拍即合，馬上付排，可以

說，這本後來為臺灣女性主義者不斷引用的書籍的第一個中譯本，是由張秀亞、林海音和沈櫻三位著名女作家通力合作完成的。

伍爾芙與中國女作家早有文學因緣，1938年，已經揚名於中國文壇的女作家凌叔華，閱讀了伍爾芙的《自己的房間》（1929）（出版未滿十年），竟然激動得像個小女孩寫信給伍爾芙。當時正在擔憂世界大戰爆發並為疾病所苦的伍爾芙，也立刻回信。在信中，吳爾芙不但表示願意為凌叔華修改文學作品，還熱情地寄給她一些英文小說，作為凌叔華小說創作的參考，凌叔華則以她為師，恭恭敬敬地將自己寫好的文章不斷地寄給她，直至1941年伍爾芙自殺身亡。對於這段交往，凌叔華一直引以為傲，晚年接受訪問時還深以作為伍爾芙的文學弟子為榮。

《自己的房間》一書裏，吳爾芙嘲笑了與中國傳統類似的西方男性批評，那種批評認為以戰爭為主題的作品價值要遠遠超過女人寫客廳感情的作品。吳爾芙鮮明地提出了女性的藝術觀。張秀亞和林海音此次聯手大力推出伍爾芙，也是為「女性書寫」爭取合法的地位。在六、七十年代，臺灣的女作家如果不去寫所謂的大時代大事件，而是沉吟於兒女瑣事，就會被人譏諷為「瑣碎」、「濫情」、「風花雪月」、「與時代脫節」。處於此種高壓氛圍中，張秀亞、林海音搬出伍爾芙《自己的房間》來加以抵擋，為身邊的女性書寫尋求合理化與正當性。

在談及《自己的房間》一書時，林海音說，張秀亞也有一間這樣的房間，「這間屋子對張秀亞來說，不但是實際的，也是心靈的」。（《女子弄文誠可喜・剪影話文壇》）她還驚喜地從此中發現，伍爾芙這種書寫「自己切身熟悉事物「的觀念與她向來的小說創作原則不謀而合。張秀亞更以女性眼光解讀伍爾芙，在文章中說

伍爾芙——「支持著她那一枝神奇的筆的，原是她那一顆多感的心靈，也就憑了她顆多感而又敏感的心靈，……才將勃朗甯夫人的一隻小狗寫得活靈活現，吠叫跳鬧於紙上」，她還借伍爾芙之口駁斥了批評家對女性美文的偏見。

到了90年代，女作家張曼娟還以《自己的房間》作為她一部小說的題目，當友人問她是否受到伍爾芙的影響，她誠實地說，是，「我只是想探索擁有一個房間對我們到底有怎樣的意義。」

張曼娟喜歡自己的房間，因為在那裏，「可以按照自己的意思來佈置；可以穿著不成體統的衣裳晃來晃去；可以把地板擦得光潔如鏡，也可以把床鋪堆成垃圾場」。然而，有女子對她說，她有一個房間，但並不快樂，她很孤寂。

張曼娟告訴讀者，懂得妥善地安頓自己，是最重要的。心靈的自足和充實，是一個可以隨身攜帶的房間。擁有這樣的房間，可以使自己的房間，由小而大，由寂寥而變得溫暖。

從《自己的房間》一書的介紹和翻譯中，具體而微地見出臺灣女性是如何西方文化資源中吸取養份。

西蒙・波伏娃的《第二性》在臺灣有歐陽子和陶鐵柱的兩種譯本。歐陽子等人譯本應該是最早的中文譯本，1973年出版。女性主義者在介紹此書時這樣說：

> 戀愛像革命，不是請客吃飯，而是一種性別壓倒另一種性別的戰爭。從生物本能，從歷史本質來看，事實如此。然則，受到社會、家庭、經濟、意識形態各種束縛的女性，又將如何平等而有尊嚴地打這一場戰爭呢？西蒙・波娃這本書不談情，不說愛，她所提供天下姐妹們的是，愛情戰爭之前的心

理建設。女性所以成為「第二」而不是「第一性」，壓迫根
源何在？解放的動力何來？這些問題若不搞清楚，愛情的結
果，充其量不過是讓原本手銬在身的女性，又多了一具腳
鐐。所以，這不是一本追求「如何快樂」，而是教你「如何
自由」的書，在愛情戰爭裏，男性的憑藉有哪些？武器在哪
裡？你最低的尊嚴在哪裡？真正的自由解放又是什麼？「為
誰而戰」、「為何而戰」的疑惑沒有了，你才容易勝利，不
是嗎？

在臺灣女性對同代人作品的閱讀書單中，我們可以開出一列長
長的名字，但是，有兩位女作家是不能遺漏的：張愛玲和林海音。

張愛玲（1920-1995）與林海音（1918-2001），年齡相仿，聲
名相當，在20世紀中國文學史上都有佔有相當地位。

然而，在日常生活和行事作風上，她們卻大相徑庭，林海音勤
快幹練，豪爽開朗，平易近人，讓家人友朋如坐春風，溫暖和煦；
張愛玲則懶散孤高，有幾分憂鬱，對身邊人事常有抵觸和懷疑，不
免給人一種淒絕詭異的感覺。

林海音擁有幸福圓滿的家庭，高朋滿座的客廳，主編過風光一
時彙聚精英的大報副刊，創立了自己的文學出版社；而張愛玲兩次
婚姻都不算美滿，除了同學炎櫻，此外似乎再無密友，她蟄居在異
國的小公寓，活在《紅樓夢》中的淒美意境裏，常常是「臥病」，
「沒出去過，也沒人來」。（《張愛玲致蘇偉貞信》）

她們的生命都超越了古稀之年，然而，兩個人七十歲的生日過
得截然不同。林海音七十大壽時，文化界數百人齊聚慶賀，笑語盈
耳；張愛玲七十歲時，臺灣《聯合報》推出新發現的張愛玲舊作作

為生日禮物，女編輯去信祝賀，而張愛玲在回復聯合報副刊女編輯的信中，卻自稱對於生日「印象不深」，只淡淡地感謝了幾句。

在女性角色的扮演上，林海音是家庭與事業兼顧的典範，乖巧的女兒、賢慧的妻子、慈愛的母親，和藹的奶奶集於一身，在親友的回憶中，我們知道她擅理家務，喜愛女紅，才德兼備。

而張愛玲自小叛逆，並不遵從傳統婦道所宣導的「德言工容」，甚至否定生養孩子的意義，她說：「我們的精力有限，在世的時間也有限，可做，該做的事又有那麼多──憑什麼我們要大量製造一批遲早要被淘汰的廢物？我們的天性是要人種滋養繁殖，多多的生，生了又生。我們自己是要死的，可是我們的種子遍佈於大地，然而，是什麼樣的不幸的種子，仇恨的種子。」（《流言‧造人》）與林海音筆下的母愛童心不同，張愛玲逃離了家庭，家一度對於她，是陰森可怖的囚房、青白的粉牆、靜靜的殺機。（《流言‧私語》）

因此，有論者這樣評說張愛玲：「當她離去之時，既不是以妻子，也不是以母親的身份，而僅僅是以一個女人，一個普通女性作家身份，就此而言，她果然遠離了男性話語歷來詮釋的女性角色。」

林海音和張愛玲的小說多以女性為主角，同樣喜歡寫新舊時代的戀愛，婚姻的衝突和悲劇。林海音的長篇刻意塑造出的兩類截然不同的妻子形象，一味柔順的小女人和跋扈自信的女強人，在她的小說中，這兩類妻子都讓丈夫懼怕或者厭倦，是外遇或者婚姻出現裂痕的誘因。林海音的小說裏還經常出現介入他人婚姻的女子，所謂第三者（如《曉雲》中的曉雲，《春風》中的在美），對於她們，林海音也並不抱持嚴厲批判的態度，在她看來，婚姻已經有嚴

重問題的有婦之夫，與一位真情癡心的單身女子產生男女之愛是可以同情理解的。她的幾個著名短篇都寫出了民國初年的女性在不合理婚姻中的慘劇，無論是《燭》裏那頂著「賢慧」美名的大太太，還是《金鯉魚的百折裙》中有「肚子爭氣」的姨太太，還是《殉》中寂寞的寡婦，一律被拷牢於婚姻的枷鎖之中。

張愛玲的小說也以刻畫婚姻內外女人的犀利細膩為人稱道，她小說中的女人，婚與不婚的，也都有這樣那樣的不幸，總體而言，她們就像「繡在屏風上的鳥——抑鬱的紫色緞子屏風上，織在金雲朵裏的白鳥，年深月久了，羽毛暗了，黴了，給蟲蛀了，死也還死在屏風上。」（《第一爐香・茉莉香片》）。

張愛玲的作品對於臺灣都市女性的影響比起林海音更大一些。

在回答批評家提問的時候，以小說風行於港臺的女作家施叔青這樣說：「我對張愛玲是恨交加，我確實很喜歡她的東西，是一九六八年吧？看到皇冠出的《張愛玲小說集》，驚為天人。到現在我都還覺得張愛玲很可怕，我們這些人寫來寫去，還是沒有人可以超越過她。我可能是在續張愛玲在香港沒有完成的小說，這好像是我自己在誇大。我知道我受她的影響很深，而且非常喜歡她，我想我永遠沒辦法超越她。一九六八年我就把她那本書帶到美國，在中國的期間這本書對我特別重要，我記得書都被我翻毛了，看得太熟太熟了。到了香港以後，我住的第一個家就是在香港大學旁邊，她曾在香港大學讀過書，那時我就感覺好像重踏她的腳步，在走她走過的路一樣，後來我知道我必須要停下來，不能在她的陰影裏頭，由她籠罩，於是我就把她的書藏起來不看……我一直很掙扎地想創造自己的語言，自己的風格，我最不喜歡人家說我是張派的文字，我覺得這樣對我很不公平，他們這樣看，我是沒有辦法啦，但

是我自己不承認，另外就是你說的第一個問題，女性喔，我想，這一點我和張愛玲的看法很相同，就是人生是千瘡百孔，男性也好、女性也好都沒有英雄。

著名的文學評論家王德威教授、楊照博士以及眾多的女性批評家都曾撰寫過專文研究張愛玲對臺灣女性文學的影響，至少列舉了十來位女作家創作中的「張腔張調」，有人甚至稱張愛玲是「台港文學」的「祖師奶奶」，因為受她影響的作家繁衍不息族譜繁眾。

在文壇之外的臺灣女性，亦不乏對張愛玲頂禮膜拜者，著名的社會活動家陳文茜的傳記中有這麼一段：

> 一九九五年九月八日，獨居美國，對現代中國兩岸三地影響深遠的女作家張愛玲謝世。次日，民進黨中央黨部召開例行黨務會議，和往常毫無二致，七嘴八舌為了黨慶活動和選舉工作爭議不休，陳文茜舉目四望，只覺得悲涼，她突兀地站起身，撂下一句：「張愛玲都死了，你們還在這裏談瑣碎的政治，人變得和只小老鼠一樣。」
>
> 窗外，是白花花的陽光，車水馬龍的臺北市，只有少少的人，記憶著、悲悼著，為一個孤獨一生的女子默默嘆息，陳文茜扶著頭走出會議室，她為陷入了無止境的政治爭議而苦惱，其他與會的民進黨幹部卻嗤之以鼻，只差沒罵出三字經，國家大事，選舉命脈，和這勞啥子的張愛玲有何相關？

從張愛玲去世後臺灣女性知識份子的追思文章中，我們可以看出張愛玲作品讓她們印象深刻之處在於：

1.都會化的題材和眼光

張愛玲的小說題材大多取自香港上海這些大都市，以這些都市的種種生活場景湊合出一幅「荒涼」的現代風景，而且她是以一種「現代」的眼光去觀照那些生活的，這眼光就是「虛無」，或如後代女作家所總結的「荒涼美學」。

《紅樓夢》以一種「無常」推翻了才子佳人終成眷屬的婚姻模式，張愛玲「虛無」得比《紅樓夢》更徹底。生命就像一襲華美的袍，爬滿了蚤子。時代是倉促的，已經在破壞了，還有更大的破壞要來。張愛玲語錄中的這些警句以及小說中類似的場景描繪，（例如，戰火摧殘的香港，白流蘇獨自面對「斷堵頹垣，失去記憶力的文明人在黃昏中跌跌撞撞摸來摸去，像是在找點什麼，其實是什麼都完了。」）。打動了同樣處於變動不居變化莫測都市中臺灣女性的敏感心靈。

2.符合中產階級品味的細節描寫

「人是生活於一個時代的，可是這時代卻在影子似的地沉沒下去，人覺得自己被拋棄了，為了證實自己的存在，抓住一點真實的，最基本的東西。」「有一天我們的文明，不論是昇華還是浮華，都要成為過去，然而現在還是清如水明如鏡的秋天，我應當是快樂的。」鍾曉陽說張愛玲「是垂老的，有無限記憶的陽光，溫柔而親近，就算死了，也是個死去的親人。」說的就是這種沉淪頹唐而又讓人沉湎不捨的感覺。

時代是荒涼的，前景是暗淡的，但是還是可以抓住一些身邊的真實，讓自己快樂起來。在張愛玲的筆下，前景蒼涼的世界有著許多樂趣，或者說她對生命意義的悲觀反而導致了對身邊瑣事的興味

盎然，她談吃談穿談公寓生活，談音樂談電車和市聲，談日新月異的時裝和過去時代的古裝。周圍的單調或繁雜甚至是落難遭災都能讓她遊戲其中，平庸凡常的都市生活在她的觀照與點染下充滿了興趣。但是也就像她所說的「人生的所謂生趣全在那些不相干的事」。

她的這種樂趣可以說開啟了臺灣女性的新感性。

我們就以嘈雜的菜市場為例吧。張愛玲這樣寫道：

「許多身邊雜事自有它們的愉快性質，看不到田園裏的茄子，到菜場上去看看也好——那麼複雜的，油潤的紫色，新綠的豌豆，熱豔的辣椒，金黃的麵筋，像太陽裏的肥皂泡。把菠菜洗過了，倒在油鍋裏，每每有一兩片碎葉子粘在籃簍底上，抖也抖不下來，迎著亮，翠生生的枝葉在竹片編成的方格子上招展著，使人聯想到籬下的扁豆花。」（《公寓生活記趣》）

下面逛街市的樂趣出自六位當代臺灣女作家筆下：

「一進市場，就處處是喧騰，並不單是聲音，人哪、菜攤子哪、店面哪，給人一種塵埃沒有落定的感覺。沒有章法的亂，然而在亂裏，有慢條斯理的悠閒。」這是袁瓊瓊的話，她喜歡菜市場，因為它不像「科學化的感覺多於人情」的超級市場。在菜市，她找到了一種糊塗，一種親切，還有任性與悠閒。

「閒行夜市，一盞盞依次亮起的華燈，是一隻隻燦然張開的明眸，風情萬種地流漾著屬於人間世的風采。攤販的手推車，彷彿點著風燈的帆船，遠遠地晃蕩而來，在一街燈光的河流裏，緩緩飄航，好尋覓一處可以停泊的岸，拋碇解纜。」這出自陳幸蕙的筆下，市井眾生，閭巷風情，讓她寫得如同一幅明淨純真的國畫。

「逛菜鋪，像逛一則則的童話：玉米棒是揚須爆牙的小老頭，白蘿蔔的澡雪精神像清官廉吏，胡蘿蔔是忠烈祠裏斷腕的壯

士……不知道有沒有一位媽媽將這麼多果菜買回家，除了炒成一盤可口的菜給孩子吃之外，還將果的傳奇，菜的寓言告訴給孩子們聽？那必是一個很動聽的故事，屬於太陽、土地、水分如何孕育萬物，也屬於浩瀚人世間每一個生命如何被萬緣包容、受寵、喜歡的。」這些富麗堂皇的句子，出自簡媜的筆下，她說：「這時代的女人是挽菜籃的女皇，一出巡，春夏秋冬都來朝拜，把它們多汁、豐富、漂亮的果子紛紛拿出來進貢。」字裏行間是一個調皮女子的心情。

「尋常的市井人生，尋常的熙熙攘攘。手上拿著一斤半斤的青菜，在木瓜、西瓜和荔枝之間挑挑揀揀，享受著一個婦人所能得到的種種快樂。」這是席慕蓉的甜蜜，她寫得那麼自在。你不能不說，那樣活是她的權利。她活得那樣快樂，你不能不想，如果不能那樣活著，也未必有理由驕人自傲。

愛亞不但喜歡逛地攤，更對小菜市場情有獨鍾，她寫道：「中國式的傳統菜市，總是奇妙地隱藏在大街小巷之後，或是一方庭園，或是一列老屋，或是一幢幢熱熱鬧鬧的街店背面。你尚未踏穩腳步辨明方位，即已感受到潮濕地氣，微腥味道與亢奮人聲。」「然後便是一眼的彩意，撩弄著你的喜愛之心。」這裏，我們讀到塵緣的溫暖，灰撲撲的生活底子，把她的筆也染得光鮮亮麗。

方瑜喜歡於逛街中得到那份人間的熱鬧，她頗有心得地道出逛街的個中三昧：「逛街的先決條件是一雙舒服的舊鞋……除了鞋必舊之外，最重要的是心應閑，如果心裏記掛著幾點幾分要趕到某處，或家中紅燒肉未曾熄火之類，斷斷難以體會逛街之樂。」

她們寫得比張愛玲更幸福更活潑，但張愛玲的筆法與印痕處處可見。

進入90年代，臺灣的女性閱讀出現了新的風貌，這種閱讀新空間創立的標誌就是女書店及其女書系列（fembooks）。

女書店，1994年4月成立於臺北市，是華文地區第一家女性主義專業書店。由一群婦女運動工作者共同打造。希望借此建立一個屬於女性自己的書房，一個看見女性書寫，聆聽女性聲音，交流女性經驗的自在空間。這家書店不但最完整地搜集和展銷華文地區的女性圖書及影音產品，而且提供一個動態閱讀的場所，頻繁舉辦與女性話題女性書籍有關的各式講座和藝術文化展覽。在這裏，女人可以參與婦女運動話題的熱烈討論，也可以分享女性個體的掙扎與喜悅，並借由成功或挫折，痛苦愉快的女性生活經驗的傳遞，思索和開拓更為自在更加開闊的兩性社會。

除了書店門市，女書店更組織和發動女性學學者和婦運人物撰寫著作，為她們提供出版條件和發行管道。至2003年，女書店已出版書籍六十多種。其出版系列為「女抒herstory」、「女書fembooks」，「青少女」、「男性研究」、「性別教育」、「同言同語」六大類。

「女抒系列」的內容是女人自己的故事，出版者這樣說它們，「是女人身處密室的秘密盟友，男人不說，學校不教，書店不愛，文評家不屑。甚至被道德家判為禁書。但當女人起來要求完整歷史時，我們便與反叛的，挫敗的，成功的，奮戰的她們聯手出擊」。

「女書系列」，有最新的歐美女性理論著述譯本，也有華人地區的女性記者編者，從各個角度勾勒女性主義的專著。獨特的思考軌跡，表現出不同時空地域的女性如何在父權制度和資本主義陰霾下尋覓一線曙光，照亮自己的身體需要和感覺，進而發展女性主義理論，改變自己和世界。

　　在女書店創立之前，臺灣女性閱讀者需要自己從眾多的文化書籍去發現和挑揀出女性自己的書籍或者寫女性的書籍。而此後，臺灣女性則有了屬於自己的閱讀空間，女性為自己打造的閱讀空間。

　　關於臺灣女性與書籍，下面這一個略微怪異的夢景可以作為一個象徵：

一座千尺高的樓房，頂層與山峰齊高。

　　「我」經過山頭，俯身而望，看見樓內層層都是書，眾生在書山書海中攀爬。「我」遂自山頭縱身揭蓋入樓，忽然失手，急速下墜，下墜中，只見「兩側的書如車廂旁的逝景，匆匆過目」。

　　「我」想自己就快要跌死了，但並不恐懼，反而清醒地悟到，「人生百年，癡如春郊試馬，蹄聲總是在乍聞時消失，並不見得比這番墜樓舒遲緩慢吧？而屬於我的日子無非是一場無止盡的書海生涯，跟此刻『墜身千尺樓，急覽四壁書』又有什麼差別呢」。

　　這是張曉風的散文《墜樓人》，寫盡了臺灣女性知識份子以書為生以閱讀為生命的人生。

　　古代典籍的滋養，現代文學的啟悟，開放自我的交流與閱讀，造就了臺灣女性的書卷氣，也大大開拓了她們心胸和視野。

安謐的精神像一朵雲彩從天上降下來。

　　這是伍爾芙夫人著作裏最精妙的文字，百年不衰，為許多女子引用，並作為一種終身追尋的境界。

　　伍爾芙夫人又說，女人要獲得這樣的境界，一定要有錢，要有一間自己的房子。這樣的房子，一定是一間書房。

三、她們的唱片

酒歌舞曲——現代民謠——黑衣蘇芮——
橄欖樹下的《回聲》——蔡琴的優雅

> 現實這樣東西是沒有系統的，像七八個話匣子同時開唱，各
> 唱各的，打成一片混沌。在那不可解的喧囂中偶然也有清澄
> 的，使人心酸眼亮的一剎那，聽得出音樂的調子，但立刻又
> 被重重黑暗擁上來，淹沒了那點瞭解。……
> 人生的所謂「生趣」全在那些不相干的事。
>
> ——張愛玲《燼餘錄》

「告訴我你的一切」男人對女主角說。

女人把她的皮包裏的一切都傾倒在床上和地下，給他看。

這是一部偵探小說的片段。

多少聰明的偵探（專職或者業餘）從別人的皮包裏窺得了他們
想知道的秘密。而我們想在這裏，走入臺灣女人的房間，打開她們的
抽屜，看看她們的收藏，這樣或許能更多的接觸到她們的內在世界。

在她們的抽屜裏，我們可以看到她們喜好的影碟。

最先叩擊臺灣女子心靈的是流行歌曲中的舊時情歌，《春花望
露》和《雨夜花》是臺灣風塵女子的悲吟，日據時期流傳一時。到

了60年代，臺灣街頭開始傳唱大陸三四十年代的許多情歌，如《綠島小夜曲》、《何日君再來》、《夜來香》、《不了情》、《淚的小花》，很多是當年流行於夜上海的小夜曲和舞曲，當然也有閩南語的情歌，如《思慕的人》、《臺北發的尾班車》、《淡水暮色》、《三聲無奈》。70年代初，臺北的女人圈內流行的是瓊瑤電影的插曲《彩雲飛》、《雲河》、《月滿西樓》、《在水一方》、《心有千千結》。燈紅酒綠，浪子心聲，酒廊怨婦仍然是當時國語曲的主流，瓊瑤的純情經過鳳飛飛、甄妮、鄧麗君等女歌手的演繹，別有一種清新悅耳。

在當時的台語（閩南語）歌曲中有許多「酒歌舞曲」。這種「酒歌舞曲」的女聲歌手以酒家女或舞女的身份演唱自己的心情，主要代表歌手是江蕙。她的歌曲中常常是以舞者歌女的哀怨口吻現身。這種現象是臺灣地區「酒家文化」的表現，與臺灣歷史中特殊的社會經驗息息相關。

日據時代，日本人就到臺灣徵集慰安婦。60年代以後，經濟發達財大氣粗的日本人又以臺灣為買春聖地。越戰期間，美軍以臺灣為色情消費的「春假」快樂島。很長的一段時間裏，臺灣在東洋人和西洋人的眼中，成為一個處處洋溢春色的「巨大女體」。臺灣中小企業家在與客商洽淡商業業務時，也頻頻借助風月場所。中小企業家大部份屬於福佬族群，所以臺灣歌曲之中頗多「酒歌舞曲」，它們對中下層的福佬系女性有較多的影響。

在很長的一段時間裏，臺灣當政者禁止並管制閩南語歌曲。同時，由於版權法的不健全，很多唱片公司可以隨意翻版國外的唱片，因此臺灣本土音樂（由臺灣音樂人自己創作的音樂）的發展一直處於停滯的狀態，1975年，在一次演唱會上，因為不滿全場唱的

都是外國歌曲，海外回國的青年畫家李雙澤向觀眾席猛擲可口可樂瓶，並高聲呼喊「唱自己的歌」。

同年，青年作曲家楊弦，用音樂捕捉了詩人余光中九首具有民謠風的詩歌，如《鄉愁四韻》、《搖搖民謠》、《民歌》等，自己譜成曲。六月，在臺北，在一個溫柔的夜，楊弦邀集了許多歌手樂師和舞者齊聚臺北中山堂，一齊向幾千聽眾演唱這些中國的現代歌謠：

傳說北方有一首民歌
只有黃河的肺活量能歌唱
從青海到黃海
風　　也聽見
沙　　也聽見

如果黃河凍成了冰河
還有長江最最母性的鼻音
從高原到平原
魚　　也聽見
龍　　也聽見

如果長江凍成了冰河
還有我，還有我的紅海在呼嘯
從早潮到晚潮
醒　　也聽見
夢　　也聽見

有一天我的血也結冰

還有你的血他的血在合唱

從 A 型到 O 型

哭也聽見

笑也聽見

這次演出的火爆場面讓市場看到了商機，促使臺灣某一基金會迅速啟動，出版了楊弦的專集，「中國現代民歌集」。

這次演出在臺灣樂壇掀起一次革命風潮，許多現代詩人一改晦澀之風，力爭以詩入樂，而許多作曲家也如楊弦一般，大量借鑒西方樂器，在作曲上打破了從前本土音樂的陳舊刻板，融匯出一種全新的朗朗上口的反映青年情感生活的新民謠。緊隨楊弦其後，臺灣的詞曲作者共同掀起了新的音樂風潮，在70年代臺灣的各大餐廳中，都演唱著臺灣音樂人自己創作的民歌；在臺灣各高校的校園裏，三三兩兩的年輕人抱著吉它輕聲彈唱，唱的也都是《雨中即景》、《蘭花草》、《外婆的澎湖灣》、《南坪晚鐘》等臺灣校園歌曲。

從此，臺灣女子進入了一個歌的時代，至少有十來年裏，她們沉浸在流行歌曲，特別是情歌之中。情歌不僅提供了情感宣洩，情愛夢幻的替代品，也以依違於傳統現代之間的都市情感為賣點，綜合了無怨尤的深愛，雲淡風輕的灑脫和欲去還留的膠著徘徊。

對臺灣女性影響最大的臺灣女歌手應該是蘇芮、蔡琴、齊豫和潘越雲。提起蘇芮，當然不能不先說說羅大佑。

早在蘇芮之前，臺北女子就從電影《閃亮的日子》的插曲，從張艾嘉唱紅的《光陰的故事》、《童年》知曉和愛上了羅大佑的歌。

池塘邊的榕樹上，知了在聲聲地叫著夏天……
陽光下蜻蜓飛過來，一片綠油油的稻田……
一天又一天，一年又一年，迷迷糊糊的童年

《童年》

發黃的相片古老的信以及褪色的聖誕卡
年輕時為你寫的歌恐怕你早已忘了吧
過去的誓言就像那課本裏繽紛的書籤
刻劃著多少美麗的詩可終究是一陣煙
流水它帶走光陰的故事改變了兩個人
就在那多愁善感而初次流淚的青春

《光陰的故事》

……

我家就在媽祖廟的後面，賣著香火的那家小雜貨店
臺北不是我的家，我的家鄉沒有霓虹燈，
繁榮的都市，過渡的小鎮，徘徊在文明裏的人們

《鹿港小鎮》

　　這些歌是70年代許多臺北青年女子的人生縮影，她們的榕樹下的童年，她們生澀的少女時期，她們從鄉村小鎮來到都市……當然，那時羅大佑也有讓她們嚇一跳的歌曲，比如《戀曲1980》這樣唱著，「你曾經對我說，你永遠愛著我，愛情這東西我明白，但永遠是什麼？……」在那一片甜蜜蜜的山盟海誓中，它顯得是那麼叛逆和突兀。

　　羅大佑歌曲中結構嚴謹曲折多變的長句，朗朗上口的優美旋律，對傳統規範的懷疑，對都市浮華的迷惑，對青春記憶的反省，相思入骨中的纏綿絕望和清高自詡，徹底顛覆了流行歌曲就是風花雪月的觀念。

　　1983年，臺灣影視界一片轟動，日本電視劇《阿信》在台播出，這位堅強內斂東方女性形象在臺北女性心中，引起極大的撼動。幾乎與此同時，女歌手蘇芮推出了她首張國語專輯《搭錯車》，其中的電影《搭錯車》插曲《一樣的月光》、《是否》，在蘇芮高亢的吶喊中，把蒼涼絕望的都市心態表現地淋漓盡致，震人心魄。

　　蘇芮一襲黑衣，站在燈光的聚焦處，將西洋歌曲的演唱激情充分地融入羅大佑那些質樸而雋永，叛逆而鄉土的歌曲中，她熱烈的搖滾風不但打破了女歌手輕柔唯美低吟淺唱的模式，也給臺北樂壇帶來了黑色的旋風。（幾乎就在同時，女作家龍應台也以犀利的專欄文學在臺北掀起了「龍捲風」。）

　　蘇芮的歌聲裏有哀婉惆悵的陳述：「一樣的月光，一樣地照著新店溪；（這月光是從張若虛的詩張愛玲的小說裏就開始照著的吧？）一樣的冬天，一樣地下著冰冷的雨。」（難怪以後臺灣的歌手要唱「冬雨」，要人們「冬季到臺北來看雨」）。

　　蘇芮的歌聲裏也有激昂反覆的發問：「誰能告訴我，誰能告訴我，是我們改變了世界，還是世界改變了你和我？」

　　當然，在以高亢的搖滾作為主要基調的同時，蘇芮也依然展示了她的女兒性與母性，《沉默的母親》、《親愛的小孩》、《牽手》、《奉獻》這些流行一時的歌曲，都展現了她和臺灣新女性在進取和反叛之時的柔婉親情和堅韌不撥。

在蘇芮之前，齊豫就已經以專輯《橄欖樹》（1979）引來眾多歌迷的追捧。一肩濃密捲曲的搖曳長髮，一臉高貴清寂的淡漠表情，一個長長飄發的矜持背影，一種悠揚高亢從容舒展，加上華美與古雅兼具的歌聲，這就是齊豫的形象。

《橄欖樹》、《走在雨中》說盡了流浪的淒迷和自在，表現出與當時流行歌曲截然不同的藝術氛圍，此後，流浪的悲苦與歡樂開始注入臺北女性的心中。

三毛是《橄欖樹》的作者，她說過，最欣賞的女歌手是齊豫和潘越雲，三毛有一句話在臺灣流行樂壇廣為傳播。她說，在臺灣，能穿墨西哥那式飄逸風格衣服的只有三個女人是三毛，齊豫和潘越雲。

潘越雲如她的名字一樣，保持著雲一樣的姿態。她飄逸而長久，輕淡地繚繞，她1981年就推出了首張個人專輯，1982年的《天天天藍》更創下了十幾萬張的驚人銷量。以後的專輯《舊愛新歡》、《世間女子》、《情字這條路》、《桂花巷電影原聲帶》均受到追捧，她以充滿磁性質感的聲音唱癡癡的情歌，述說著世間的情事，執著地反覆地問：我是不是你最疼愛的人？哪怕過去的山盟海誓都已消失在睡夢中。

當然，許多女歌迷更喜歡的是潘越雲的《野百合也有春天》，這首由羅大佑詞曲的歌曲裏有一個失戀的女人

> 難道你不曾回頭想想昨日的誓言
> 就算你留戀開放在水中嬌豔的水仙
> 別忘了寂寞山谷角落裏，野百合也有春天

這首歌由潘越雲唱來，哀而不怨，大度深情，平靜秀美一片清麗，並不淪於「怨婦」悲吟。

　　1985 年，三毛、齊豫、潘越雲合作推出了三毛個人傳記式歌曲專輯《回聲》。專輯的歌詞全部由三毛一人執筆，歌詞描寫了她一生的各個片斷，從不愉快的童年，羞澀的初戀，大漠深情，絕望的悲痛，孀居寂寥和重歸曠達超然……，時空跨度大，心境轉換頻繁，在在都是對演唱者的挑戰，但齊豫、潘越雲憑著自己的悟性和寬廣多樣的風格出色地演繹了音樂。潘越雲淒婉地低吟著迷惘的曉夢蝴蝶與生離的纏綿幽怨，齊豫高亢地展示蒼涼的寂寞風沙和死別的悲憤絕望。使得三毛穿越時空的不同心境有著精確的樂聲呈現。

　　《回聲》也就是英文的 ECHO，是三毛的英文名。這張專輯是三毛這位傳奇一生的女子對自己生命的回應，當 1991 年三毛難耐生命的悲哀和生存的無力，主動棄世之後，這張唱片中的三毛獨白更平添一份珍貴。讓臺北女子更加珍惜，因為它不僅是一個三毛的故事，也是許多臺北女人的心路歷程：青澀年少的愁，如夢似煙的愛，癡狂不悔的念，瀕死掙扎的心，還有不死的心裏不醒的夢。

　　蔡琴自少女時代就投身音樂。在臺北，有一條小路，被人後來稱作是「蔡琴路一段」。那是蔡琴考取專科學校之前，癡癡追隨音樂人吳楚楚、趙樹海等前輩，不斷穿行的小徑。在那青澀的年少歲月，在那些披星戴月的夜晚，蔡琴早已悄悄地許下一生的音樂願，她自稱她的歌早已在那些夜晚譜成，要用一生不停地去唱。

　　說到蔡琴，臺北的女性很容易就會說出她們最喜歡由蔡琴唱紅的一些歌，如《你的眼神》、《恰似你的溫柔》、《油麻菜籽》、《最後一夜》、《庭院深深》……蔡琴的歌的基調大都是柔性典雅的，她所唱的愛情屬於古典中的婉約，常常是男女之間相互交換的一個眼神，微微一笑，不言不語不露痕跡。她所唱的曲調是低回婉轉的，她發出的聲調是低沉優雅的，並不追求高亢激昂。她的一首

首歌都讓她的歌迷，以女人居多，看到了一個古典女人：獨坐月色下，夜涼如水、燈殘人靜，淡淡的惆悵和疲倦，在柔美的音色中迴旋，似乎已經不是青澀的失戀，而是不止一次地傷透了心，不然，怎麼會這麼的滄桑，即使心如止水，古井無波，也掩飾不住一個女人的寂寞傷感。

除女歌手之外，一些合唱和男歌手的歌也為女性喜愛，比如《明天會更好》。這是1985年10月，為紀念「臺灣光復四十周年」，羅大佑、李壽全組織匯集了台、港、新馬等地區的60於位流行歌手共同演唱的。它熱情執著地傾訴，聲勢浩大而又春青四溢，在華人地區產生了巨大的反響，女性對於未來的期待也在祈願中盡情揮灑。

處於宏大氣勢《明天會更好》另一極的有李宗盛曲趙傳演唱的《我是一隻小小鳥》，歌裏小心翼翼的訴說和詢問：「我是一隻小小小鳥，想要飛卻飛也飛不高，我尋尋覓覓一個溫暖的懷抱，這樣的要求算不算太高？」歌中唱出了小人物的悲哀，飛不高的小鳥，棲上枝頭卻成為獵人的目標，飛上了青天，才發現自己無依無靠，世界是如此的小，她們註定無處可逃……

女性的柔弱和無助使她們對這支歌產生了更深切的共鳴。

90年代以來，陳淑華的《跟你說，聽你說》，《一生守侯》等專輯成了臺灣都市女性的情歌樣板，準確傳達出都市女子，特別是單身女子的孤寂，在傲人業績和光鮮流麗之後的突襲的無聊和小小的騷動。

在她的《柔弱女子》裏，有這樣的歌詞：

因為我不是柔弱的女子
愛情不是唯一目的

　　所以不要期望我

　　用哭泣滿足你的自信

　　曲調與旋律纏綿悱惻，歌手的唱腔優柔婉轉，歌詞是如此果決堅強，而傳達出的卻是難分難解的猶豫。

　　這也許正是臺灣女人情感生活中兩難處境的真切縮影吧。

四、她們的電影院

廉價的王宮：甜蜜或者不堪──李安和《家庭三部曲》──
追尋的惆悵──花樣年華靜靜綻放

你渴望的是什麼呢

是瞬圓即缺的月

未及盛開即謝的花朵

或是尚未開始就結束的夜

當溫柔來的時候

沒有預告

沒有提示

夜霧般

踏著貓的步子

──林泠《微悟》

是誰說的，上個世紀的愛情，基本上都與電影院有所關聯，或
多或少。

在臺灣，我記下了幾位女子對於影院的敘述。

現在的青年人，也許不會想到，我們這一輩，哦，還有我父母
的那一輩，最留戀的約會場所，就是電影院。

　　有一年，快過年了，我們一家開始清理家中抽屜和箱子的每一個角落，在一座老式櫥櫃的深處，發現了一個陳舊的進口餅乾鐵盒，打開一看，裏邊是一張張折迭整齊的影片說明書，我的老媽珍惜地一張張拾起，展開那些開始泛黃的紙，然後說明這是她年輕與父親相戀時，在影院中的一次次約會後珍藏，每一張影片說明書都有一次甜蜜的記憶。

　　老媽說，那時，你父親愛寫詩，50年代在報紙副刊上一首詩的稿費大概是五元台幣，而看一場電影一人只要一到二元，你父親每次領到稿費，都要帶我去影院看一場……說起往事，母親臉上竟然閃射出少女式的嬌羞，微微泛紅。讓我看到了年輕時代熱戀中的母親。

　　我記憶中的童年往事也有許多電影院的背景——兒童節時父母帶我們姐妹到兒童戲院看電影，月考成績優秀的獎勵是去圓環旁的遠東大光明戲院，那時的遠東是臺北最大最好的電影院，可以容納3000多人，第一次踏入這樣大的劇場，我們興奮不已，它是我孩童時代的見到的最大的劇場，今天，遠東已經被音像店和小型影院所取代，被迫一分為四。

　　長大後，我們那一代的約會場所，很多也都是在西門町的電影院。或者說，是在臺北武昌街。

　　我的第一位男友，是我大學的同學，一次郊遊，他一直照顧我，我當然也報以微笑和默許的眼神。回家後不久，就接到他鼓起勇氣打來的電話，約我去西門町看電影，那時正值春節，電影院裏有許多賀歲大片，我們選了一部香港動作片，售票口前大排長龍，我們排了將近一個小時，才買到兩張票，是前座三排。進去時已經是下午兩點，在大銀幕底下，我們仰著脖子三個小時，在那裏看著

中國功夫，劇情緊張，刀光劍影，震耳欲聾，我們不覺緊緊靠在一起，不知什麼時候，我的手被他的大手緊緊握住。

電影院加快了我們的愛情進度，在大部分時間裏，我們只能在下班後上影院。在電影院的甜蜜時刻，我常常要想起張愛玲小說裏的一句話，電影院是最廉價的王宮。這句話，可能很多人不注意，但我當時身處其境，一下就記住了。而且，很自然的沉浸在公主和王子的童話世界裏。這種感覺，現在的年輕人恐怕是要當成笑話的吧。

70年代以後，臺北電影院的放映時間也逐漸地往後移，原來最後一場是在晚上九點上映，後來在週末會加映一場，是11點上映，以後開始有子夜一場（凌晨一點上映），子夜二場（凌晨三點上映），我們有時整個週末夜晚都泡在電影院裏。

我記得，在那個時代，有許多年輕人和我一樣喜歡泡影院，在午夜場裏，男男女女裝扮入時，彷彿不是去看電影，而是出席重要的Party。電影夜場的興盛帶動了夜市的人氣，每當週末凌晨時份，臺北的長安東路復興北路上還是人流擁擠，串烤滷味水果攤小吃店燈火通明，食客大都是散了場的男女情侶，緊張的劇情甜蜜的戀情還有濃濃的人情，都是終生難忘的記憶，電影院的副產品。

在這位女子的記憶中電影院是美好的一頁，而我遇到的另一位女子，電影院給她留下的是不堪。

在一次朋友的宴會上，她見到了一個中年男人，那是一個事業有成的企業主，氣質儒雅，談風趣，她不覺和他多聊了幾句，說說笑笑，甚是開心。在說笑的間隙，忽然發現他放肆的眼光，不覺臉紅心跳……分手時，他遞過了名片，而她，留下了家裏的電話。

那男人有自己的家室，她是知道的，但三天後接到他的電話時，她依然是爽快地答應約會的請求。

　　他們在一家電影院裏看夜場，那是在郊區的一家小影院，他選定的，大約是那裏比較不會遇見熟人吧。以後有幾個月他們常常在影院裏相依相偎，有時在內湖，有時在景美，直到他們有了進一步的關係。

　　這種關係最後以他的厭倦和逃避而結束，從此，電影院對於她，成了一種偷情的場所，裏面總是充滿了狎玩和調情。

　　在許多臺北女人的記憶中，電影院似乎是與愛情或情欲相聯繫的。那麼，除了為了約會而上影院，難道就沒有女人自己真正喜歡的電影嗎？帶著這一問題，我在臺北找了幾位女士，和她們一起做了一場饒有興味的交談，下面是這場交談的摘錄：

徐：　常常聽臺灣的朋友說他們喜歡的導演，比如老一輩的李行，還有候孝賢，但據我所知，李安，還有王家衛，這兩位是女性比較欣賞的導演。

　　（李安是華人中第一個獲得奧斯卡獎的電影導演。他是50年代在臺灣鄉村出生的外省人，從鄉村到臺北讀書，他並不是一個高分的學生，只考上了臺灣藝術專科學校。但臺灣藝專的舞臺，改變了李安的一生。他說，我的靈魂第一次獲得解放，混沌飛揚的心也找到了皈依。我逐漸瞭解到，所謂的升學主義、考大學，除了培訓基礎知識和紀律，對我毫無意義。但學戲劇，走的可能是條不平常的路。李安在藝專開始接觸電影理論，還自拍了一部18分鐘的黑白短片《星期六下午的懶散》。

　　李安的父親並不滿意李安喜歡的這個結果，他盼望兒子光宗耀祖，要求李安藝專畢業後出國讀書。後來李安進入了紐約大學電影系讀書。李安說：「我一讀電影就知道走對了路。那時我英文都講

不太通，但拍片時同學都聽我的。不曉得為什麼，平時大家平等，可是一導戲，大家就會聽我的。導戲時，我會去想些很瘋狂的事，而且真的有可能就做出來了。也許這就是天分。」

在拍攝第一部電影前，李安窩在家中當了6年的「家庭主男」。買菜做飯是李安的長項。李安回憶當時的情景說：「當時孩子還小，太太博士學位還差半年才拿到，我決定在家待一陣子陪陪他們，也試試運氣。」李安就待在紐約郊區的家中寫劇本兼任「煮飯婆」，不停地到好萊塢碰運氣。一直到1990年，李安還處於懷才不遇的境況。有一次岳父岳母到家中做客還提議說：「李安，你這麼會做菜，我們來投資給你開館子好不好？」

李安的人生經歷是臺灣那一代青年藝術家成長的縮影。在李安的電影中有濃郁的臺灣生活氣息和生活場景，特別是《飲食男女》，全片以臺北生活為背景展開。臺灣現今四、五十歲的女子，看他的電影都很覺得親切。）

徐： 我看過《臥虎藏龍》，覺得很美，但並不會太感動。但是李安三部曲，就是《推手》、《喜宴》、《飲食男女》這三部電影，都讓我心潮難平。你可以談談嗎？

K： 李安的這三部電影都是由臺灣的電影公司製片發行的。《推手》和《喜宴》寫的是美國華人（主要是由臺灣赴美的華人）的生活，《飲食男女》以臺北的都市生活為主要場景，這些影片當年在臺灣上映，都引起了很大的反響。

李安的這三部電影又被稱為家庭三部曲，裏面描繪了兩代人的矛盾。在李安之前，美籍華人譚恩美的小說《喜福會》也改編成電影，在華人圈子裏也引起相當的反響，影片也刻畫了四對母女的生

活，反映母女兩代在不同文化背景、不同國度的命運。但影片改編的並不太成功，戲劇衝突不如李安電影那樣突出和鮮明。而且其中的生活離我們也比較遠。

徐： 對，李安電影中兩代人的衝突真是引人入勝，老一代都有濃郁的中國傳統背景，比如他們的職業，《飲食男女》中的父親是烹調大師，能燒各式中國菜；《推手》中的老朱是太極拳教練，《喜宴》裏的父親是職業軍人，而且他們的生活方式也有濃郁的中國意味，比如都是早睡早起，喜歡晨練，恪守傳統的為人道德。而他影片裏的年輕一代都從事現代的職業，有的是美國電腦博士，有的從事房地產租售，有的是航空公司的企劃經理，還有麥當勞的售貨員，他們的生活方式，價值觀都和上一代有很大的差異。

K： 李安這三部電影讓我們回味的地方是他對婚姻問題的探討。兩代人在婚姻觀念上有許多差異或衝突。《推手》中的電腦博士娶了個美國太太，她與中國公公格格不入；《喜宴》的高偉同（趙文瑄扮演）是同性戀者；《飲食男女》中的三個女兒，朱家珍與體育教師在教堂裏由牧師主持婚禮，夫婦信仰基督教；朱家寧是認識幾個月便搬到男友家，懷上了孩子才匆忙結婚；朱家倩則是跟著感覺走，不拘形式的都市戀情。李安電影的婚姻有著他自己的生活體驗，很多有臺灣背景。

（李安的太太林惠嘉是美國伊利諾大學的生物博士。是個很「酷」的大女人。他們1978年在一次留學生的聚會裏認識，談戀愛，1983年在紐約結婚。婚後兩人分隔兩地。大兒子出生時，太太居然沒有通知李安。李安說：「第二天我搭飛機趕到伊利諾，醫院的人都高興得鼓起掌來。原來半夜惠嘉獨自進醫院，醫生問她要不要通知丈夫和親友，她說不用了，院方還以為她是棄婦。她感覺羊水破了，自己開著快沒油的汽車就到醫院生孩子去。二兒子出生時

她也趕我走：你又不能幫忙，又不能生！她的個性很獨立，自己能做的事從不麻煩別人。」

李安獲得第一個金熊獎時在柏林給太太打電話，她為睡夢中被吵醒不太愉快，怪李安小題大作。「她就是這麼酷，這麼多年來，這些外在的東西對她好像沒有一點影響。」拿了奧斯卡小金人後，李安和太太到華人區買菜，有位臺灣來的女人對林惠嘉說：「你命真好，先生這麼有名，現在還有空陪你買菜！」不料當即遭到李安太太的搶白：「你有沒有搞錯呀，是我今天特意抽空陪他來買菜的。」李安說：「其實以前她很少陪我買菜，現在也一樣。」

李安說：「太太對我最大的支持，就是她的獨立生活。她不要求我一定出去工作。當然她賺的還不夠用，因為研究員薪水很微薄，有時雙方家裏也會接濟一下。太太給我時間和空間，讓我去發揮、去創作。要不是碰到我太太，我可能沒有機會追求電影生涯。」

1990年，李安等來了人生的轉機。他的兩個劇本《推手》和《喜宴》在臺灣獲獎，也有了契機成為國際名導。李安說：「很多《喜宴》裏的情景都是我結婚實況的翻版。」2001年的金球獎頒獎典禮上，李安接過茱麗葉‧羅伯茲頒發的最佳導演獎時，幽默地調侃道：「我的驚喜之情難以形容。我要感謝我強悍的太太，她是《臥虎藏龍》裏除了碧眼狐狸之外所有女角的典範……」

徐：　三部曲中戲劇衝突都是圍繞著婚姻問題引起的，老一代對婚姻和家庭的看法是生兒育女和幾代同堂，而年輕一代接受了西方現代社會的觀念，有自己的想法，因此，衝突產生了，在《喜宴》中特別讓人緊張，父母從臺灣趕到美國，參加獨子的婚姻，卻不知道兒子早已和男友同居，結婚只是做給父母看的戲，為了完成父母的一樁心願。

K：　《推手》中博士的「國際」婚姻也在父親被洋太太氣走後產生危
　　　機；《飲食男女》中幾個女兒忽然完婚出嫁也讓父親驚訝⋯⋯但
　　　是最後都能化危機為轉機，《喜宴》的結尾，高師長認同了兒子
　　　與男友賽門的同居關係，離別兒子準備登機過海關時舉起雙手的
　　　動作，似乎表明這位軍人的服輸；《飲食男女》中朱師傅大膽宣
　　　佈了自己與鄰居少婦的婚姻，重建家庭後，失去許久的「味覺」
　　　又回來了；《推手》中太極拳教練最後又聯繫上了臺灣來美的陳
　　　太太，預示著這對老人也可能有組建新的家庭。這些富於喜劇色
　　　彩的結局都表明了導演的思想，以一種寬容的態度來對待兩代人
　　　觀念的差異，在保存傳統時也能寬容地接受多元的生活方式。

　　　談起王家衛的電影，大家似乎更熱烈，大概是因為王家衛的電
影更加都市，李安的電影雖然寫的是都市生活，有濃厚的鄉土氣思
和人情味，有家庭親情和友情、愛情，而王家衛卻更加讓人切身感
到都市的冷漠、疏離和漂泊。

S女士：王家衛的電影裏沒有太多臺灣的場景，我記得就是《春光乍
　　　現》的結尾，梁朝偉從南美回來，到了臺北，在遼寧街的小吃攤
　　　旁看見了張震的照片和家人，那裏是臺北的真實場景。不過，更
　　　讓我心動的是王家衛電影中張愛玲的氣息。

徐：　王家衛生長在上海，他自己說「我是上海製造，香港加工出來
　　　的」。張愛玲最好的小說上也是描寫上海和香港兩個地方的，這
　　　兩大都市都是繁華而又荒涼，華洋合璧，魚龍混雜的地方。他們
　　　倆一定有相似之處。

S女士：我喜歡王家衛，倒不是因為電影與文學的背景或題材近似，
　　　而是其中都有一種追尋的惆悵的情調。比如《東邪西毒》，它的
　　　英文名字叫「Ashes of time」──時間的灰燼。它裏面有許多有
　　　一搭沒一搭的對話和旁白，像詩一樣，我讀幾句：「初六日，驚

摯。每年這個時候，都會有一個人來找我喝酒。」「我是在姑蘇城外的桃花林裏遇見他的，他說他喜歡桃花。他傷在我的劍下，卻笑起來。我想他喝醉了。那天初四，立春，東風解凍。」「那年開始，我忘記了許多，惟一有印象的，就是我喜歡桃花」……有許多旁白我都能背下來了。

　　這些旁白代表什麼意義，我並不是很明白，但王家衛把這些片斷用鏡頭連接起來，貫串著一種惆悵，常常讓我想起張愛玲的一篇短文，題目是《愛》。

徐：　哦，這是一篇很短的散文。只描寫了一個畫面：一個小康之家的女孩，長得美麗，在一個春天的晚上，她站在自家後門口，手扶著桃樹，這時，對門住的一個小夥子，走了過來，離得不遠，站定了，輕輕地說了一聲：「噢，你也在這裏嗎？」

　　　她沒說什麼，他也沒再說什麼，站了一會兒，各自走開了。

　　　可是，這一閃而過的事，讓這個女子珍藏了一輩子。她後來經歷過無數驚險，幾次三番被拐賣，到老的時候，最不能忘的，常常要提起的還是這一刻。

C：　這篇短文的結尾，我會背：「於千萬人之中遇見你所遇見的人，於千萬年之中，時間無涯的荒野裏，沒有早一步，也沒有晚一步，剛好是趕上了，那也沒有別的話可說，惟有輕輕問一聲，噢，你也在這裏嗎？」

　　　這一場景和杜拉斯《情人》的開頭很像，那篇小說是這樣開頭：我已經老了，有一天，在大廳裏，一個男人向我走來，主動介紹自己。他說：「我認得你，我永遠記得你，那時你還年輕，人人都說你美，現在我是特地來告訴你，對我而言，你比年輕時更美……」王家衛的電影大部份寫的是60年代左右的香港，但不

是金融大亨的十里洋場，很紙醉金迷聲色喧鬧的那一種；而是市民的生活，一種瑣碎的，如同張愛玲寫自己的上海公寓裏的生活。

徐： 對，王家衛的典型場景就是公寓小屋，《阿飛正傳》、《春光乍現》還有《重慶森林》、《墮落天使》，裏面有著說上海活的女人，有著張愛玲式的頹廢和悠閒。

S： 他讓人想起張愛玲，大約還與他也很注意時尚流行，尤其是女人的裝扮服飾有關係。《重慶森林》裏金髮的林青霞和《墮落天使》中紅發的莫文蔚，據說帶動了一股染發的熱潮，而《花樣年華》中張曼玉換了二十幾套的旗袍，我記得那時電視上說，《花樣年華》在東南亞上映，對當地的旗袍銷售有很大的推動，造成了旗袍熱。（笑）

徐： 我插一句，他電影中的人物不是流浪者或准流浪者，就是有對漂泊的嚮往，是水手、異鄉人、殺手、離家出走的人……《阿飛正傳》中的阿飛跑到親生母親所在的菲律賓；《春光乍現》中三個男人流浪到南美洲，甚至跑到南美最南端的燈塔去；《重慶森林》的王菲嚮往美國加州，而在《東邪西毒》裏只有遙遠的大漠才是安身之處。

K： 對，我也喜歡王家衛電影中流露出漂泊情感。不過我要補充的是他為什麼是選擇漂泊，是因為對常規人生的厭煩，還有就是無所適從，疏離感，在他的電影裏，你可以看見張國榮沒有正當的生活來源待在自己凌亂的房間裏，（《春光乍現》《阿飛正傳》）金城武在週末邊看電視邊吃零食和毛巾、肥皂喃喃對話，（《重慶森林》）王菲一邊聽著震耳欲聾的音樂，一邊滿不在乎地扭動身子（《重慶森林》）殺手是王家衛電影最常出現的人物類型，此外還有街邊的小警察、海員、小混混，旅行者或者準備旅行者。

S： 我迷戀王家衛電影是在研究生時代，快畢業了，處在一種尋覓的惆悵之中，時常和同學去酒吧坐一坐，海闊天空的幻想，那時非常迷戀《阿飛正傳》裏的一段話：「世界上有一種鳥，是沒有腳的。它只能一直的飛呀飛，飛累了，就在風中休息。它只下地一次，就是它死亡的時候。」

讀著，品味著這句話，望著酒吧窗外霓虹燈閃爍的都市叢林，想到沒有腳的鳥也許是幸福的，除了死亡，它不必在凡塵之中落腳，永遠保持著靈魂的飛翔姿態。

徐： 尋覓，飛翔，追求不俗的生活，應該是王家衛電影裏不斷延伸的主題。不過，我更想知道，你們對王家衛述說的愛情故事有什麼看法？

S： 尋找是王家衛電影的最終主題，愛情也是尋找的一個目標。

在他的電影裏，人都像茫茫大海中的孤島，許多情感是單向流動的，而不是溫柔的交流，更說不上溝通。比如在《東邪西毒》裏，慕蓉嫣愛黃藥師，黃藥師喜歡桃花，歐陽鋒愛自己的嫂子……《重慶森林》裏王菲愛員警633，633愛空姐周嘉玲，待633轉向王菲時，王菲又逃跑了……《墮落天使》裏天使二號李嘉欣愛上天使一號黎明，可一號冷漠似懂非懂，天使三號愛上了小女生，可他是個啞巴，天使五號莫文蔚在雨中奔跑，她愛上了天使一號，可是他說，他不喜歡她，只不過今晚想找個伴，莫文蔚就吃吃的笑了……

C： 王家衛對愛情看法大約可以用他的兩段獨白來傳達。一段是：「每天你都會和許多人擦肩而過，有些人可能會變成朋友，有些會變成知己，所以我從來不放過了可以和任何人擦肩而過的機會。……那天晚上，我又看到了那個女人，我知道我不會和她成為知己或朋友，因為我們有太多的機會可以擦肩而過，衣服都擦破了，也沒有看到火花。」

　　這就是疏離，都市人不可能有真正的愛情，擦不出火花的。

　　另一段是慕容嫣對愛人說的話：「如果有一天我忍不住問起，你一定要騙我。就算你的心有多麼的不願意，也不要告訴我，你最喜歡的人不是我。」

　　表現了對愛情的絕望，追求不得而逃避的心態。

　　在王家衛的電影裏，愛總是處於一種不斷的拒絕和被拒絕的遊戲中，他似乎有意要擊碎愛的烏托邦，或者他認為根本不存在愛情。

S：　我並不認為他完全絕望，他可能認為愛情是瞬間的，會過期的。但愛情人和一樣，也有其花季，在那花樣年華的一刻，它會靜靜地獨自綻放，外人也許看不出來，但當事人曾擁有它，一瞬即是永恆。

　　在《花樣年華》的末尾，周慕雲來到了吳哥窟，那是一個有陽光的日子，那千年廟宇在燦爛的照射下，熠熠生輝。多少年來，有多少人在這裏祈求默禱，周慕雲終於對著斑駁石柱上的洞口，說出了自己隱秘的愛情，那是一段已經珍藏在心底許多年的情感了，可他並沒有忘記，日復一日，日漸清晰。

結語

1

候鳥飛翔，在季風中，迎著陽光，披著星光。

有對對行行，也有孤獨的單飛。

飛過茫茫大海，漠漠荒原，穿越驚濤駭浪，閃電雷霆。

最遠的翔道，由北極飛往南極，

四萬公里的生存挑戰，

天敵的攫食，獵人的槍口，

在這一切面前，它們顯得無助，是那麼弱小。

我們無法得知，有多少灰雁、燕鷗、信天翁

未完成它們既定的生命旅程，飲恨倒地。

可我們清楚地知曉。

這些勇敢的鳥類，總是一代又一代，

以不息的勇氣，年年歲歲，

周而復始地升空，拍翼，穿越，頑強地抵抗墜落。

為了自己喜歡的溫度和食物。

為了自己的追求的生存方式。

哪怕斷翅、折頸、滅頂、也要勇敢地睜大眼睛。

她們柔弱的身影

在淡藍色宇宙的無垠版圖

刻下了絢麗和不屈。

2

臺灣女性絕不是一本小冊子可以窮盡的。

我在臺灣幾所大學與女教師女研究生交談；我在女書店翻閱那些女性讀者渴求溝通的留言；我在夜晚的西門町街頭觀察那些遊走於邊緣的女子；當我乘車從花蓮靜穆莊重的精舍出來，拐到公路上，撲面而來的是一個個檳榔小店，豔名高張，穿著暴露的檳榔西施在招攬生意……

我覺得難於下筆，它的難度遠遠超過了我的想像。困難之一，是時間的局限，從應邀到截稿只有半年。困難之二是女性問題涉及了極其廣闊的層面。困難之三是如何界定「臺灣女子」的特殊性。她們的哪些行為模式是充分發展的現代社會中女性文化的共通之處，哪些又是處於蛻變中的中華傳統文化圈臺灣女性文化的特色要義呢？

我選擇了更多的描述而非判斷與結論，因為上述的困難，也因為對於大多數讀者，尤其是在此岸瞪著好奇眼光的大陸讀者而言，他們希冀獲取的是貼近現場的生香鮮活的生活場景和觸手可及的心靈震顫，而並不需要草率匆忙和大而無當的學術結論。

在這本書中，我也改變了文學評論的立場，更多地嘗試著採用社會學，如果還說不上是女性學的方法，來處理我的材料；更加關注通俗的文學，角色的扮演和文學之外的社會百態。即使採用女作家的作品，也並不純藝術，而是更多地著眼於其中所蘊涵和折射的女性心靈。總之，我力求在社會、政治、文化和性別結構的變遷中把握臺灣女性的獨特風貌。

我把相當的篇幅讓給了兩位女性人物，幾乎可以說是兩個小型的女性傳記，兩位女性傳主的生活和事業是極為不同的，共處一書，不知道會不會引來憤怒或者譏評，以為不倫不類，但我沒有別的意思，也並不是要將她們相互比較，而是認為她們各自在臺灣特定的女性群體中都具有代表性，多給她們一些篇幅，可以讓生活在臺灣以外的女性讀者更加直觀地感受到臺灣女性的心靈和生活。

　　我也在許多地方都提到了張愛玲，提到了她與她的海派作風對臺灣女性的影響，無論是角色扮演，寫作，服飾，還是生活中各種細微的感受。因為，我認為，對於臺灣女子，張愛玲不僅是一個大眾作家，不僅是一個女作家們群起仿效的作家，也不只是一種引人耽溺的華美文體，而是一種極致的女性品牌。

　　這一品牌最突出的標誌就是漂泊和飛翔，其內心獨白應是：

　　「在星星的版圖上／我年輕無懼的翅翼／因預知下一次平庸的降落／而顫抖」。

　　精靈墮入凡塵，只在靈魂裏保持了飛翔的力量，從精神的山林中飛出，在都市叢林中找不到可以落腳的地方，只能在風中展翅飛去。

　　自由的代價也許就是漂泊。張愛玲的漂泊，首先是永遠離開她的故鄉故國，決絕得一無反顧；然後是，辭別文壇，絕交息遊；最後一個辭別的手勢更加蒼涼，空蕩蕩一件傢俱也沒有的小公寓內，躺在地板，身上蓋著毛毯，好像熟睡⋯⋯她的遺囑是「立即火化，骨灰撒在 desolate spot」，這「desolate」正是她所喜愛的「荒涼」一詞。她的朋友最後合議將大洋作為她的歸宿，當然也就是遵循了她那在永恆漂泊中尋獲自由的不羈性格。

3

人並非性別意識的生而知之者，我也是閱世漸深才瞭解到，自覺的性別意識應該只是產生在高度個性化的社會和時代，產生於那些敏感而多思的個體之中。那些能夠跳出習以為常的兩性觀照與思維，開始以新的眼光審視和質疑一切被社會視為理所當然的性別現象，進而試圖提出新的性別結構的詮釋的人，才是具有了自覺性別意識的人。具有自覺性別意識的人，應該會對兩性不同的生理和心理結構，兩性的處境和互動等等有更加細微的體悟和更深入的思考吧。

我不知道我是不是有性別意識的人，長期以來，我生活在女性的周圍，與我生活最密切也最長久的是兩位女性，我的母親和我的女兒，在她們的身上，我觀察到了一些女性的習慣和特點。不過，我無法自做多情把這本小冊子獻給她們，對於我80歲的母親，它可能過於前衛，而對於我的13歲的女兒，未來也許她會稍加流覽，也許她另有自己的追求，無暇顧及於此。

但是我還是在這本書裏尋求兩性的溝通，對話而非對抗。

要達成對話就必須尋求一種易於溝通的言談方式。

法國女性主義批評家露西‧伊希加雷（Luce Irigaray）在她的書中指出，女性言談的特徵在於感觸性與流動性。它抗拒並破壞一切形式、形體、印象和概念，它總是點到為止（touch upon），不斷地從頭再來，充滿著神秘的想像，恍惚忘形。

感觸性的說法讓我想起席慕容的詩句：「有人終其一生都在書寫標語和大綱／只有少數的人書寫細節那千絲萬縷／當靈魂和生命的髮膚互相碰觸／互相刺入的種種感覺。」而流動性就不能不提起張愛玲，她晚年解釋自己的作品《流言》時說，流言引自英文——Written on Water（水上寫的字），「是說它不持久，而又希望

它像謠言一樣傳得快」。細節的碰觸也好，不羈的流言也好，都是游離於中心之外，以特有的話語方式實現了對國家話語和主流寫作的放逐（或自我放逐），那些堂而皇之的概念和慣用名詞，在女性寫作中，被細緻地分解和消融了。

還有批評家認為，文字書寫中存在的「女性書寫」，它是包容的，開放的，不一定由性別決定。（雖然在女作家的作品中比較常見）女性書寫的目的在於破壞男性中心的邏輯思考及其二元對立的封閉性。當然，也有批評家認為，女性言談和文字中的流動和不安，來源於意識上的混亂和模糊，因為她們在現實上打不到立足點。

但是，現今社會中找不到立足點的又何嘗是女性，越是清醒的智者越有勇氣說出，我只知道我一無所知。這種不確定的立足點也許就是創建一個新立足點的根基吧。

朋友曾為我一本散文集作序，序裏說我的散文文風是，每每把讀者當成卡拉 OK 裏同歌的少女（而非學者同仁），留心默契，用心溝通，短曲長歌，總是不慌不忙。這也許就比較接近女性書寫吧。在這本小冊子裏，我不避感性，許多理論發掘也以隨筆形式表現。在以艱深為美的時尚中，它並不討好，但求能保留一份性情和率真。面對著一朵花，可以滔滔不絕於它的拉丁學名綱屬科目產地用途和化學成份，也可以求證它的傳說掌故警句格言人格寄託宗旨寓言，就是驚喜地喊幾聲或吼幾句，又有何不可？

4

對於女人，在大陸常見的偏見有兩種，一種只見「女」而不見人，把女人視為工具，生兒育女的工具，縱欲解悶的工具，持家

理家的工具。在這種觀點裏，女人只能是母親、妻子，甚至只是一雙操持家務的手，一個讓男人衝動的肉體。另一種觀點只見「人」而不見「女」，持有這一觀點的有男有女，男人以「解放婦女」為由，抹殺了女人的性別存在和性別特徵，炮製出「鐵姑娘」「假小子」，投合了激進的女人，她們認為，「女」與「人」猶如魚與熊掌不可兼得，依違二者之間，只能「舍女取人」了。

　　然而，真正的女人應該是人的存在與性別存在的統一。作為人，她應該享有和男人同等的自由、尊嚴和權力；作為女人，她們更加敏感細膩，有更敏銳的直覺，有更豐富的情感。後者是自然的造化，也是上蒼對人類的恩賜。在由女性敏感的感官構築起的世界裏，有多少虛構或者神話，我們不能判定。但可以肯定的是，女性對於自己和世界，要比男性細緻許多，殷勤許多。她可以為一束花，一塊蛋糕著迷；她喜愛歌曲和笑聲；她無須準備便會伴著隨風而來的韻律擺動身軀。她得意於親手佈置好的餐桌和家宴，她沉浸於和女友的絮絮叨叨中，她會把一本老相冊翻上半天；街上色彩繽紛的人流，空中變幻不定的雲朵，總會引動她莫名的悸動；一份請帖，一張賀卡，都讓她歡喜半天……由於女性總免不了在比較粗糙的男性世界裏討生活，為了補償在這粗糙世界裏大量心理和感覺的流失，她們總要盡其所能地攜帶自己的「私房」和「細軟」——她收藏各種小擺設和小飾品；她有繽紛多姿的衣櫥和書房，她喜好電影院的浪漫情調，她願意在幽雅的咖啡廳裏讀讀寫寫，她也會利用週末黃昏的閒暇，開啟老式唱機，靜靜地聽一些老歌，漂浮在旋律與追憶的起伏之間。在生活中，男人常常會抱怨女性的過分講究，出門之前過分裝修「門面」，在超級市場裏為挑揀幾件小物品而花費半個上午，諸如此類，但他們也不能不承認，女性的這種癖好也

產生出一些細緻乃至精緻的東西。在本書的下篇，我盡可能地展示臺灣女性的感性世界，兼顧歷史和當下兩個層面。

我也用了許多篇幅引申了臺灣女性的文學作品，這作品絕非書齋中煮字療饑之物，而是紮根生長在莽莽蒼蒼的大地，這大地，是鄉野也是城市，是阡陌也是網路，是島嶼也是港灣。我們相信，她們的作品能讓讀者放下身段，謙卑而非傲慢地走進那塊大地，光榮也曾屈辱，充滿殘暴，也有許多溫柔的那塊大地，走進生長於其上的那些傷痕累累而又桀驁不羈的心靈，感染濃重的方言口音以及那裏特有的草香和燠熱、颶風和地震……

走進那土地上的一切，中原典籍奶大的人士開始不免有局促不安的怪異感覺，但只要他有心進入，有心體驗，他終究能在這裏發現熠熠放光之物——學者和教師可以在形象和遐想的邊緣緩緩索尋，掏出半世紀以來的人文結晶，一般讀者則可以對彼岸的人情世故有更多的感悟。如此，神州大陸的悠久文化與美麗島嶼多元藝術，將熔鑄成新世紀傲人的風華。在燦爛的風華中，兩千萬和十三億將能夠相互包容和欣賞,凝聚出一份新的情誼。

如果，過往時代的一出出悲劇是不斷傷害的利刃，那筆墨的詮釋會將傷口鑲嵌成血紅的花朵，並不為了忘卻，但更渴求前行。

每次交出書籍，總是有莫名的憂鬱，也許是疲勞的累積，也許是對書的命運的牽掛，它將獨自在人世走一遭，命運如何？許多人寫完書便忙著張羅首發式，尋找評論家寫表揚文章，而我每每擲筆後，便自寫作的興奮巔峰中跌落，心情在穀底行走。

不管怎樣，還是要感謝所有支持和幫助這本書的朋友。

首先是彼岸的許多學者，她們對臺灣女性生活和女性文學的研究論文和著作是這本小冊子的出發點，她們的名字是范銘如、李元

貞、梅家玲、施淑、何春蕤、張曉風、齊邦媛、龍應台、鐘玲、簡瑛瑛、張小虹、鄭明娳。限於叢書體例參考引用部分不能一一注明出處，深致歉意。還要感謝提供照片的朋友，有簡媜、慈濟的陳美羿女士、《明道文藝》的陳憲仁先生以及漢霖文化曲小俠和復旦孫燕華博士。

如果說：「抒情，分享與滋潤」是陰性價值，而「控制、結構和佔有」是陽性價值。那麼，文學藝術和科學技術，東方與西方，邊緣與中心似乎也都可以視為分別處於陰陽的兩極。在陽盛陰衰陰陽失調的今天，陰性價值的強調，應該是一條引導我們走向溝通和理解，最終走向平衡的大道吧。

梅爾維爾在《白鯨》裏說，每一個生活在陸地上的人，都會有對航海的渴望。因為，在他們看來，海洋不僅是一個全新的空間，也是一種新穎的思考模式。陸地上的人被海牽動了心靈，他們就一定會打造一艘合適的船，去海洋遠航。

船的航行，可能就是港的秘密移動吧。從此，陸地也或多或少地改變了。

2004 年 4 月於廈門大學臺灣研究院

附錄　臺灣女性團體，著名女性網站，女性電子報及各大學女性研究室

1.臺灣知名女性個人網站

文字工坊

黛西的窩

沒格星球

漫畫雜貨鋪

星玟網

非喧嘩菜市場

米姬－赫普

Midoli die Familie

非常自己

瑪姬主義

閱讀日本偶像劇

Davis Laio的多媒體世界

蜜斯露露小站

文客棧

Fi's美食街

風至的家

女生向前走

音樂臺灣

兔兔村

罐頭蕃薔薇

奶茶小鎮

COCO'S CAFÉ

小君的沙發世界

ice Land

發條鳥森林地圖

EMOTION LAYER情緒斷層

荷・映畫

聖的樣子

壽司貓的慵懶地帶

巨蟹座的咖啡詩人

2.臺灣著名女作家個人網站

洪凌「永劫複返的巴別塔」

曹麗娟「童女之舞」

張妙如與徐枚怡「交換日記」

劉家卉「VV看世界」

蘇凡

可愛女孩Webring

石計生「後石器時代」

Fay的文學網

3.臺灣女性主義者個人網站

楊長苓

旅舍依瑪

懶惰無尾熊的窩

達妮

吳嘉苓

小丸子

研究生兔子的窩

4.臺灣著名女性團體

婦女新知基金會

現代婦女基金會

婦女權益促進發展基金會

臺北市女性權益促進會

臺北市上班族協會

勵馨社會福利基金會

天主教善牧基金會

終止童妓協會

天主教福利會

慧心家國

主婦聯盟環境保護基金會

晚晴婦女聯合會

世界和平婦女會

中國婦女寫作協會

臺灣省婦女寫作協會

女教師聯誼會

女性學學會

國際職業婦女協會

女記者與作家協會

女權上路

彭婉如文教基金會

臺灣查某

北美洲臺灣婦女聯合會

5.臺灣各高等學校女性問題研究室

臺灣大學城鄉所性別與空間研究室

臺灣大學人口與性別研究中心婦女研究室

清華大學兩性與社會研究室

中央大學性／別研究室

高雄醫學院兩性研究中心

高雄師範大學性別教育研究所

淡江大學中國女性文學研究室

6.臺灣女性電子報

臺北女人網

女聲電子報

網氏女性電子報

臺灣婦女網路論壇

番薯藤女人HerCate

語言文學類　PG0597

地母與瘋婦：台灣女性半世紀

作　　者/徐　學
主　　編/楊宗翰
責任編輯/蔡曉雯
圖文排版/陳宛鈴
封面設計/陳佩蓉

發 行 人/宋政坤
法律顧問/毛國樑　律師
印製出版/秀威資訊科技股份有限公司
　　　　114台北市內湖區瑞光路76巷65號1樓
　　　　電話：+886-2-2796-3638　傳真：+886-2-2796-1377
　　　　http://www.showwe.com.tw
劃撥帳號/19563868　戶名：秀威資訊科技股份有限公司
　　　　讀者服務信箱：service@showwe.com.tw
展售門市/國家書店（松江門市）
　　　　104台北市中山區松江路209號1樓
　　　　電話：+886-2-2518-0207　傳真：+886-2-2518-0778
網路訂購/秀威網路書店：http://www.bodbooks.com.tw
　　　　國家網路書店：http://www.govbooks.com.tw
圖書經銷/紅螞蟻圖書有限公司
　　　　114台北市內湖區舊宗路二段121巷28、32號4樓
　　　　電話：+886-2-2795-3656　傳真：+886-2-2795-4100

2011年8月BOD一版
定價：260元
版權所有　翻印必究
本書如有缺頁、破損或裝訂錯誤，請寄回更換

國家圖書館出版品預行編目

地母與瘋婦：台灣女性半世紀 / 徐學著. -- 一版.
 -- 臺北市：秀威資訊科技, 2011.08
  面； 公分. -- (語言文學類 ; PG0597)
 BOD版
 ISBN 978-986-221-785-6(平裝)

 1. 女性 2. 臺灣

544.5933   10011914

讀 者 回 函 卡

感謝您購買本書，為提升服務品質，請填妥以下資料，將讀者回函卡直接寄回或傳真本公司，收到您的寶貴意見後，我們會收藏記錄及檢討，謝謝！
如您需要了解本公司最新出版書目、購書優惠或企劃活動，歡迎您上網查詢或下載相關資料：http:// www.showwe.com.tw

您購買的書名：＿＿＿＿＿＿＿＿＿＿＿＿＿＿＿＿＿＿＿＿＿＿＿＿

出生日期：＿＿＿＿＿年＿＿＿＿＿月＿＿＿＿＿日

學歷：□高中 (含) 以下　　□大專　　□研究所 (含) 以上

職業：□製造業　□金融業　□資訊業　□軍警　□傳播業　□自由業
　　　□服務業　□公務員　□教職　　□學生　□家管　　□其它＿＿＿

購書地點：□網路書店　□實體書店　□書展　□郵購　□贈閱　□其他

您從何得知本書的消息？

　　□網路書店　□實體書店　□網路搜尋　□電子報　□書訊　□雜誌
　　□傳播媒體　□親友推薦　□網站推薦　□部落格　□其他＿＿＿＿＿

您對本書的評價：（請填代號　1.非常滿意　2.滿意　3.尚可　4.再改進）

　　封面設計＿＿＿　版面編排＿＿＿　內容＿＿＿　文／譯筆＿＿＿　價格＿＿＿

讀完書後您覺得：

　　□很有收穫　□有收穫　□收穫不多　□沒收穫

對我們的建議：＿＿＿＿＿＿＿＿＿＿＿＿＿＿＿＿＿＿＿＿＿＿＿＿

＿＿＿＿＿＿＿＿＿＿＿＿＿＿＿＿＿＿＿＿＿＿＿＿＿＿＿＿＿＿＿＿

＿＿＿＿＿＿＿＿＿＿＿＿＿＿＿＿＿＿＿＿＿＿＿＿＿＿＿＿＿＿＿＿

＿＿＿＿＿＿＿＿＿＿＿＿＿＿＿＿＿＿＿＿＿＿＿＿＿＿＿＿＿＿＿＿

11466
台北市內湖區瑞光路 76 巷 65 號 1 樓

秀威資訊科技股份有限公司 　收

BOD 數位出版事業部

....

（請沿線對折寄回，謝謝！）

姓　　名：＿＿＿＿＿＿＿＿＿　年齡：＿＿＿＿＿　性別：□女　□男

郵遞區號：□□□□□

地　　址：＿＿＿＿＿＿＿＿＿＿＿＿＿＿＿＿＿＿＿＿＿

聯絡電話：(日) ＿＿＿＿＿＿＿＿＿　(夜) ＿＿＿＿＿＿＿＿＿

E - m a i l：＿＿＿＿＿＿＿＿＿＿＿＿＿＿＿＿＿＿＿＿